"LES JUIFS EN FRANCE"

III

LUCIEN PEMJEAN

LA PRESSE
ET
LES JUIFS

DEPUIS LA RÉVOLUTION JUSQU'À NOS JOURS
AVEC 11 ILLUSTRATIONS HORS TEXTE

2019
the Savoisien & Baglis

LUCIEN PEMJEAN

LA PRESSE
ET
LES JUIFS

DEPUIS LA RÉVOLUTION JUSQU'À NOS JOURS

AVEC 11 ILLUSTRATIONS HORS TEXTE

DU MÊME AUTEUR

POLITIQUE ET SOCIOLOGIE

Cent Ans après (1789-1889.)
Le Socialisme expérimental (1881.)
Plus de frontières (1882.)
L'Insurgé (Journal, 1894.)
La Paix nécessaire.
Le Salut public (Revue, 1899.)
L'Ami des Boers (Journal, 1899.)
Le Cri du Transvaal (Journal, 1900.)
Oui ou non, voulons-nous vaincre ? (1914.)
Vers l'Invasion (1933.)
La Maffia judéo-maçonnique (1934.)
Le Grand Occident (Journal, 1934-1939.)

ROMANS

Germaine.
La Gosse de l'Assistance.
La Petite Madone.
La Jeunesse de Cyrano :
  I. Ses premiers Exploits.
  II. Son premier amour.
La plus belle aventure de Cyrano.
Le Vrai d'Artagnan :
  I. Sa jeunesse.
  II. Capitaine aux Mousquetaires

IMPRIMERIE SPÉCIALE
NOUVELLES ÉDITIONS FRANÇAISES
21, RUE AMÉLIE, 21 PARIS

Achevé d'imprimer Mars 1941

Copyright by Nouvelles Éditions françaises 1941.

Première édition numérique 24 novembre 2007

the Savoisien & Lenculus

Tous droits de traduction et de reproduction réservés pour tous les pays.

Exegi monumentum ære perennius

Un Serviteur Inutile, parmi les autres

SCAN, ORC, CORRECTION, MISE EN PAGE
9 Août 2019
LENCULUS †(2016) & BAGLIS
in memoriam

Tous droits de traduction et de reproduction réservés pour tous les pays.
Pour la Librairie Excommuniée Numérique des CUrieux de Lire les USuels

TABLE DES MATIÈRES

Avant-propos 7
Des états généraux à la convention 9
De la convention à Louis-Philippe 13
    Rothschild.
De Louis-Philippe à nos jours 19
Agence Havas 25
Agence Radio — Agence Fournier
    — Autres agences 33
Messagerie Hachette 37
Les inavouables ressources de la presse 41
Le pilori de la presse 47
Le scandale du « Panama » 63
L'étranglement du « quotidien » 69
Mort à « l'Ami du Peuple » 73
La presse enjuivée et la guerre 77
Sir Bazil Zaharoff 81
La presse antijuive 87
L'esprit juif dans la société française 93
Ouvrages à lire et à consulter 101

FIG. 1

THÉOPHRASTE RENAUDOT

« Une seule chose ne céderai-je à personne, en la recherche de la vérité, de laquelle cependant je ne me fais pas garant. »

AVANT-PROPOS

Si la presse avait existé du temps d'Ésope, c'est d'elle que le fameux philosophe n'eût pas manqué de dire qu'elle était à la fois la meilleure et la pire des choses.

Aux informations, aux distractions, aux enseignements, aux idées, aux lumières qu'elle offre journellement au public, se mêlent en effet mille faussetés, mensonges, excitations et poisons de toute espèce.

Source de vérité, de concorde et de progrès, elle est en même temps une source d'erreur, de désunion et de décadence.

Tout dépend de la façon dont elle est comprise et dirigée.

Or, il faut bien le dire, depuis qu'elle existe, depuis qu'elle fonctionne librement, ce sont plutôt de pernicieuses influences qui l'ont guidée. Les mauvais génies du pouvoir et de l'exploitation du labeur humain ont vite réalisé le parti qu'ils pouvaient tirer d'une force susceptible, en façonnant à leur gré l'opinion publique, de servir leurs ténébreux desseins.

Ils se sont ingéniés à l'assujettir, les uns par les prébendes et les faveurs, les autres par l'irrésistible instrument de corruption qu'est l'or.

Et c'est ainsi que, graduellement, depuis la Révolution française, la presse, qui a pris chez nous comme ailleurs un développement considérable, s'est presque totalement asservie aux puissances d'argent, à la tête desquelles trône la finance juive.

Nous n'avons pas l'intention, dans ces pages hâtives, de faire l'historique de la vassalisation du journalisme depuis Théophraste Renaudot jusqu'à nos jours.

Ce que désire surtout le Français d'aujourd'hui, si éprouvé par le cruel désastre qu'il vient de subir, c'est connaître exactement les causes de son malheur.

Il sait que la presse, en général, a joué un rôle prépondérant dans la formation de la mentalité qui a permis à certains clans occultes de provoquer la catastrophe.

On lui a dit et répété qu'au premier rang de ces clans maléfiques se trouvait la Judéo-Maçonnerie et il voudrait qu'on lui mît les points sur les i, qu'on lui expliquât le mécanisme de cette main-mise sur la direction de nos organes de propagande et de diffusion, et qu'on lui citât des faits précis, des exemples probants, des noms irrécusables.

C'est ce que nous nous proposons de faire ici, après des recherches et des vérifications qui ne laissent aucune place à l'imagination ni à la fantaisie.

Mais, pour bien faire comprendre le processus de la subordination de la presse aux intérêts et à l'autorité d'Israël, il est nécessaire que nous remontions un peu dans le passé.

Nous ne nous y attarderons pas, désireux de donner au plus tôt satisfaction à l'impatiente curiosité de nos lecteurs.

L. P.

DES ÉTATS GÉNÉRAUX À LA CONVENTION

Comment fut votée l'émancipation des juifs

À part la *Gazette de France*, fondée en 1631 par un médecin doublé d'un homme d'affaires, du nom de Théophraste Renaudot, et le *Mercure Galant*, de Donneau de Vizé, créé en 1672, pour devenir en 1724 le *Mercure de France*, on ne connut guère dans notre pays, avant 1789, en fait de presse, que des recueils, brochures, plaquettes, pamphlets imprimés clandestinement ou à l'étranger. La plupart étaient édités par des librairies de Londres, Genève et Amsterdam.

La *Gazette* et le *Mercure*, eux, n'avaient pas de précautions à prendre. Ils n'avaient rien de séditieux et paraissaient avec l'agrément et les subsides du pouvoir. Renaudot n'était-il pas pensionné de Louis XIII qui daigna même collaborer en personne à sa feuille ?

Mais, dans la seule année 1789, plus de 140 journaux, quotidiens ou semi-hebdomadaires, furent lancés à Paris, véhéments, passionnés, reflétant dans leur diversité l'agitation tumultueuse des esprits.

L'article XI de la Déclaration des Droits de l'Homme avait énoncé :

« *La libre communication des pensées et des opinions est un des droits les plus précieux de l'homme. Tout citoyen peut donc parler écrire, imprimer librement, sauf à répondre de l'abus de cette liberté dans les cas déterminés par la loi.* »

On ne se fit pas faute de profiter de cette latitude. Chaque parti, chaque secte, chaque comité, chaque club, chaque agitateur politique, chaque philosophe d'action voulut avoir son journal. Et naturellement ce furent les organes les plus avancés, les plus violents, qui l'emportèrent en quantité.

Tandis que Mirabeau publiait son *Courrier de Provence*, et Gaultier de Biauzat son *Journal des Débats*, feuilles parlementaires et modérées, les royalistes diffusaient l'*Ami du Roi*, le *Journal de la Cour et de la Ville*, ainsi que les *Actes des Apôtres* où *Rivarol* criblait la représentation nationale de ses traits à l'emporte-pièce.

Et tandis que Brissot et Condorcet exposaient sans outrance, le premier dans le *Patriote français*, et le second dans la *Chronique du Mois*, leurs idées républicaines, Robespierre se déchaînait dans le *Défenseur de la Constitution*, Camille Desmoulins dans les *Révolutions de France et de Brabant*, puis dans le *Vieux Cordelier*, Marat dans son féroce *Ami du Peuple* et Hébert dans son truculent *Père Duchesne*.

Que d'épigrammes, d'injures, de grossièretés, de blasphèmes, de menaces échangées dans cette formidable mêlée de principes, de dogmes et de plans aussi bien philosophiques que politiques !

L'esprit de l'*Encyclopédie* et du *Contrat social*, avivé par la propagande occulte de la Franc-Maçonnerie introduite en France par l'Angleterre, animait tous les adeptes de la Révolution, et leurs plumes n'épargnaient pas plus la Religion que la Monarchie et la Noblesse.

Ils l'attaquaient même avec une plus furieuse âpreté, car beaucoup d'entre eux se flattaient d'amener le Roi et les « aristos » à composition, alors qu'ils savaient l'Église intransigeante et immuable sur ses assises et dans ses aspirations éternelles.

Et puis, l'Église catholique et romaine n'était-elle pas la bête noire des Protestants et des Juifs qui pullulaient dans les milieux maçonniques et révolutionnaires, à côté des partisans du duc Louis-Philippe, cousin de Louis XVI, Grand-Maître de la Maçonnerie française et Souverain Grand-Maître de tous les Conseils, Chapitres et Loges du Rite Écossais existant en France ?

Aussi l'or de la City et celui d'Israël coulaient-ils à flots pour influencer les décisions de nos Assemblées délibérantes.

On le vit bien pour la rédaction et le vote de la Déclaration des Droits de l'Homme.

On le vit mieux encore pour la promulgation du fameux décret de la Constituante (29 septembre 1791) conférant aux Juifs la citoyenneté française.

Là, tous les moyens de pression, de corruption et de chantage furent mis en œuvre.

Un groupe de riches marchands israélites, dont faisaient partie les sieurs Mardochée, Polack, Goldsmidt, Jacob Trenel, J. Lazard, etc. s'était constitué pour diriger et financer la manœuvre.

Sous l'influence de ces circoncis, les grands clubs politiques, ceux des Girondins, des Cordeliers et des Jacobins, se mirent en branle en faveur de l'émancipation des fils d'Abraham.

Tous les journaux populaires, qui foisonnaient autour de l'*Ami du Peuple* et du *Père Duchesne*, firent chorus, au nom des grands principes de Liberté, d'Égalité et de Fraternité.

Et, le jour des débats, les principaux chefs des partis politiques, depuis l'abbé Grégoire jusqu'à Talleyrand, en passant par Mirabeau, le comte de Clermont-Tonnerre et Camille Desmoulins, se dressèrent à la tribune pour plaider la cause de Juda.

Ainsi fut, acquis le vote du décret qui devait, pendant plus de cent cinquante ans, mettre notre pays sous la coupe des puissances occultes, dirigées par Israël.

Telle fut la première manifestation de l'influence juive dans le domaine de la politique et de la presse française.

Étant donné le but à atteindre, il est certain que des sommes considérables y furent consacrées, et que les journaux qui, alors comme aujourd'hui, formaient l'opinion publique et pesaient puissamment sur l'activité législative, ne furent pas les derniers à bénéficier de cette manne.

DE LA CONVENTION À LOUIS-PHILIPPE

ROTHSCHILD

Sous la Convention, le Directoire, l'Empire et la Restauration, la Juiverie semble n'avoir exercé que peu d'action sur la Presse.

À cette abstention, il y a plusieurs raisons majeures.

D'abord, satisfaite de la revanche éclatante et du triomphe inouï que lui avait valus le décret d'émancipation de la Constituante, elle eut une tendance à se replier sur elle-même pour organiser sa vie nouvelle dans la société française et s'y préparer un confortable avenir.

Cette délivrance de l'ostracisme séculaire qu'elle avait subi jusque-là, lui apparaissait comme la première étape dans la voie de la domination universelle annoncée par ses prophètes.

Il s'agissait donc de partir du bon pied pour hâter l'heure bénie de l'apothéose messianique et cela demandait une période de réflexion.

D'autre part, la Commune de Paris et la Terreur édictèrent contre la Presse des lois draconiennes, notamment la loi des suspects qui frappait de la déportation et de la peine de mort les journalistes d'opposition.

Si bien que, les unes après les autres, la plupart des feuilles réputées séditieuses — et c'était le plus grand nombre — disparurent de la circulation.

Enfin, l'Angleterre, qui jusqu'alors avait été, avec ses Loges, une précieuse alliée du Judaïsme français, se tourna contre la Révolution dès qu'elle vit celle-ci commettre de sanglants excès et déclarer la guerre à l'Autriche.

Telles sont les principales raisons qui empêchèrent pendant longtemps Israël d'intervenir financièrement dans le domaine de la Presse.

Mais les Juifs ne restèrent pas pour cela inactifs. Tout en se recueillant et en méditant sur les nouveaux horizons qui leur étaient ouverts, ils découvrirent que les guerres idéologiques déclenchées par la Révolution leur offraient d'inestimables possibilités de gains.

Enrôlements, fournitures militaires, ravitaillement, emprunts d'États, assignats, mandats territoriaux, biens des émigrés, butins, rapines de toute espèce, autant de champs fertiles où s'abattit leur instinct de rapacité.

Que de grandes fortunes juives furent ainsi édifiées, à commencer par celle qu'inaugura le fameux coup de spéculation de Waterloo, perpétré par l'un des cinq fils du petit quincaillier-changeur de Francfort, Amschel Meyer Rothschild.

✠

Rothschild ! Nous ne pouvons écrire ce nom sinistrement fabuleux et qui, depuis plus d'un siècle, souleva dans toute l'Europe tant de malédictions, sans ouvrir ici une parenthèse en son honneur.

Le père Amschel Meyer, l'ancêtre et fondateur de la toute-puissante dynastie financière, tenait, au ghetto de Francfort, rue des Juifs, une petite boutique ornée d'un écusson rouge (*ROT SCHILD*). De là le nom que prit sa lignée.

Ferblantier, brocanteur, prêteur à la petite semaine, il trafiquait aussi sur les vieilles médailles et monnaies. Et c'est ainsi que le Landgrave de Hesse, grand collectionneur devant l'Éternel, devint son client.

Il se fit bien voir de ce seigneur en lui procurant quelques pièces rares, et quand le prince héritier monta sur le trône de Hesse, sous le nom de Guillaume IX, il n'hésita pas à lui offrir ses services et s'en fit agréer comme agent de Confiance, grassement rétribué.

Entre temps, il s'était marié avec une jeune Juive de dix-sept printemps, Gütele, fille de Wolf Salomon Schnapper qui devait lui donner une nombreuse progéniture : cinq filles et cinq fils.

De ces cinq fils, quatre s'établirent dans différents pays, Nathan à Londres, Salomon à Vienne, Cari à Naples et James à Paris. Seul, l'aîné, Amschel, resta à Francfort où il prit en 1812 (1) la succession de son père.

Vinrent Napoléon et le blocus de l'Angleterre.

Nathan se trouvait donc, à Londres, dans le camp de l'ennemi. Mais qu'à cela ne tienne ! Les Rothschild purent ainsi réaliser de très fructueuses affaires en se livrant à la contrebande à travers la Hollande et les ports de l'Allemagne du Nord.

Ils tirèrent aussi d'énormes bénéfices du trafic Clandestin des guinées et des devises anglaises. Nathan les envoyait de Londres à Dunkerque, où son frère de Paris venait les chercher pour les repasser à ses autres frères qui les répartissaient à travers l'Europe.

Pendant ce temps, Amschel ne perdait point son temps avec le prince de Hesse, lui achetant des soldats, les équipant à ses frais et les revendant, avec quel profit ! Aux États qui étaient en guerre avec Napoléon.

La fortune de la famille Rothschild était déjà considérable quand déclina l'étoile du grand Empereur. La chute de l'Aigle fut pour elle l'occasion de s'enrichir davantage encore.

On a raconté de différentes façons le célèbre coup de Bourse de Waterloo. Nous croyons que la vérité se trouve dans ces lignés extraites d'une étude de M. J. Lucas-Dubreton :

> « *Les Rothschild pontaient sur la chute de l'Empereur, et l'on sait qu'ils furent avertis du désastre de Waterloo avant*

---

1. — *Errata* page 15 ligne 26, l'original contient 1912.

même le Gouvernement britannique. On cria à la magie, à la sorcellerie. Nathan se serait servi de pigeons voyageurs. Il avait personnellement participé à la bataille, aurait atteint la Manche à cheval au péril de sa vie, se serait jeté dans une barque. La vérité était plus simple : Nathan avait un agent à Ostende, qui attendait l'issue de la journée, et, ayant eu la primeur d'une gazette hollandaise, partit sans désemparer pour Londres. Rien de plus facile : le Rothschild d'Angleterre s'était constitué une petite flotte dont les officiers, l'équipage étaient à sa dévotion entière, et qui appareillait par tous les temps. Le « coup de Waterloo » établit solidement la réputation de Nathan et de ses frères. »

Il leur rapporta en deux jours, dit-on, le coquet bénéfice de un million de livres sterling.

Il serait fastidieux de rappeler ici les étapes de leur vertigineuse ascension vers l'hégémonie financière et politique internationale.

Mentionnons seulement leurs avances d'argent à la cour d'Autriche, qui leur valut le titre de baron en 1822 (2), leurs prêts à la Restauration qui octroya en 1823 (3), au Rothschild de Paris, à la fois la Légion d'honneur et l'adjudication des chemins de fer du Nord.

Citons encore leur assistance pécuniaire à Napoléon III, en 1854, en échange d'une place de régent à la Banque de France et l'achat au Khédive d'Égypte, en 1875, pour le compte du gouvernement britannique, de 175.000 actions de la compagnie de Suez, ce qui rendait l'Angleterre effectivement propriétaire du canal.

Toutes opérations sur lesquelles la descendance d'Amschel Meyer, qui ne se contentait pas des honneurs qu'elle en retirait, prélevait naturellement de formidables intérêts.

« Lorsqu'on couronnera Louis-Philippe à Paris, écrivait Boerne à son ami Henri Heine, cela se passera à Notre-Dame de la Bourse, et Rothschild y jouera le rôle d'archevêque. Un joyeux pigeon s'envolera, moqueur, vers Sainte-Hélène où il se posera sur la tombe

---

2. — *Errata* : page 17 ligne 8, l'original contient 1922.
3. — *Errata* : Page 17 ligne 9, l'original contient 1923.

de Napoléon et lui contera en s'esclaffant qu'il a vu la veille couronner son successeur, non par le Pape, mais par un Juif. »

Sur ce mot, qui peint bien la dangereuse influence politique qu'exerçait déjà la Juiverie à la veille de la monarchie de juillet, fermons notre parenthèse et revenons à notre sujet.

Frappée par la loi des suspects, la presse fut, dans les années qui suivirent, de plus en plus muselée par le Directoire d'abord, par le Consulat, et l'Empire ensuite, enfin par la Restauration.

En 1805, Napoléon supprima d'un coup tous les journaux, sauf quatre, le *Moniteur*, le *Journal des Débats*, la *Gazette de France* et le *Journal de Paris*, qui furent placés sous la surveillance et la tutelle du Ministère de la Police.

Sous la Restauration, les feuilles d'opposition jouirent d'une plus grande tolérance. Mais celle-ci n'était qu'apparente, car le gouvernement les tenait par un fil d'or.

C'est ainsi que le ministre Villèle, préférant la manière douce à la manière forte, paralysa les attaques des *Tablettes Universelles* et de l'*Oriflamme* en subventionnant ces deux journaux. Au premier il fit verser 380.000 francs et au second 420.000.

Quant au *Journal des Débats*, en plus des 12.000 francs par mois qu'il recevait du Ministère, il se fit allouer, sur la cassette particulière du roi, la coquette somme de 500.000 francs.

Le libéral Martignac continua la tradition du comte de Villèle. Il laissa même reparaître et fronder à leur guise des journaux supprimés sous l'Empire, et donna toute liberté à deux nouveaux organes, le *Globe* et le *National*, rédigés par de jeunes écrivains de grand tallent, comme Thiers, Sainte-Beuve, de Rémusat et Armand Carrel.

Mais vint, le prince de Polignac qui changea complètement de méthode à l'égard de la Presse et voulut la soumettre à un régime d'implacable rigueur.

Dans un rapport à Charles X, il écrivait :

« *La Presse, cet instrument de désordre et de sédition, qui s'applique, par des efforts soutenus, persévérants, répétés chaque jour, à relâcher les liens d'obéissance et de subordination, à user les ressorts de l'autorité publique, etc. ...* »

Parurent les fameuses Ordonnances qui ouvrirent le champ à la Révolution de 1830.

Elles supprimaient la liberté d'opinion, dissolvaient la Chambre des Députés et bouleversaient la loi électorale.

Adolphe Thiers releva le gant dans le *National*. Avec l'appui de tous les journaux libéraux, il publia la célèbre protestation collective :

« *Le Moniteur a publié ces mémorables Ordonnances, qui sont la plus éclatante violation des lois. Le régime légal est donc interrompu ; celui de la force a commencé.*

« *Dans la situation où nous sommes, l'obéissance cesse d'être un devoir Les citoyens appelés les premiers à obéir sont les écrivains de journaux ; ils doivent donner les premiers l'exemple de la résistance à l'autorité.*

« *... Le gouvernement a perdu aujourd'hui le caractère de légalité qui commande l'obéissance. Nous lui résistons pour ce qui nous concerne ; c'est à la France à juger jusqu'où doit s'étendre sa résistance.* »

C'était un appel à l'insurrection.
Il fut entendu.

Peu de temps après, Charles X, obligé d'abandonner le pouvoir, laissait le trône à Louis-Philippe qui prit aussitôt comme Premier ministre le riche banquier Laffitte.

Les Juifs qui, depuis la Convention, avaient dû se cantonner dans les fructueuses opérations financières que leur permettaient l'état de guerre et les régimes d'autorité, allaient pouvoir, en s'emparant peu à peu des principaux rouages de notre vie politique et sociale, commencer par la France la conquête du monde.

DE LOUIS-PHILIPPE À NOS JOURS

Émile de Girardin, Moïse Millaud
Jules Isaac Mirès et Isaac Péreire

Le règne de Louis-Philippe vit naître et se développer rapidement cette presse de publicité commerciale et financière, cette presse d'affaires et de chantage, qui finit par devenir le quatrième pouvoir de l'État.

Sous l'impulsion d'un écrivain de grand tallent, remuant, entreprenant et peu scrupuleux, Émile de Girardin, type vraiment balzacien, elle atteignit vite, dans toutes les classes de la société, une diffusion considérable pour l'époque, et dès lors disposa d'un prestige et d'une force avec lesquels les gouvernements durent compter.

Le nouveau roi pressentit cet événement. Aussi son premier soin fut-il d'amadouer les journaux en proclamant, dans la Charte de 1830, le droit pour tous les Français de publier leurs opinions sans cautionnement ni censure et de déférer aux jurys d'assises les délits politiques de presse.

Régime de liberté dont Émile de Girardin ne manqua pas de profiter pour mettre à exécution ses ambitieux projets.

Après avoir fondé plusieurs petits périodiques, parmi lesquels le *Voleur* qui s'adressait au public populaire, et la *Mode* qui touchait le noble faubourg, il lança un grand quotidien, la *Presse*, qu'il fit moins grave, moins gourmé et moins cher que les autres journaux et où il donna une importance jusqu'alors inconnue à la partie « annonces » et « réclames ».

Il s'entoura d'une brillante rédaction où figuraient Balzac, Alexandre Dumas, Théophile Gautier, Victor Hugo, Eugène Sue, Eugène Scribe, George Sand, etc.... Et inaugura le roman-feuilleton à suite, qui valut à la *Presse* une vogue sans précédent.

Chose curieuse ! Émile de Girardin, qui s'était fait élire député, avait épousé la poétesse Delphine Gay, fille de Sophie Gay qui tenait à Paris un célèbre salon littéraire fréquenté par l'élite de la société : Guizot, Thiers, Hugo, Balzac, Musset, Théophile Gautier, Sainte-Beuve, etc....

Or, cette Sophie Gay, femme intrigante s'il en fut, était descendante d'un Juif, Moïse Gay, qui, avec trois autres de ses congénères, les sieurs Godechaux, Perpignan et Abraham Lévy, avait été condamné dans un procès fameux plaidé le 7 février 1777.

On peut supposer que la poétesse Delphine Gay, ayant du sang Juif dans les veines, ne manquait pas d'un certain sens pratique qui n'a pas dû nuire aux entreprises de son mari.

Sans doute n'a-t-elle pas été étrangère à la création par Isaac Péreire d'une société au capital de 500.000 francs pour monopoliser les annonces commerciales de la Presse, du *Constitutionnel*, des *Débats* et du *Siècle*, ni à l'affermage, par la Société juive Panis et Cie, de la publicité financière de ces mêmes journaux.

Ne voit-on pas poindre dans ces financements la mainmise d'Israël sur l'orientation de la presse d'information et d'opinion ?

Toujours est-il qu'à la faveur de cette ingérence, profitable aux deux parties, on vit se créer, par émissions et souscriptions publiques, des quantités d'affaires, comme le Chemin de fer du Nord, le chemin de fer de Saint-Germain, le Crédit foncier, le Crédit mobilier, les Mines de Saint-Bérain, la Nationale-Assurances, les Houillères de Bouzognes et de Mazuras, etc. ... Dont certaines tournèrent mal et engloutirent les économies de la petite épargne.

Ce fut le commencement de l'écumage des petites bourses au profit des gros coffres-forts, et l'on se doute bien que les capitalistes de la race élue ne perdirent rien dans ce transvasement.

Avec les années, l'immixtion de la Juiverie dans le domaine de la presse ne fit que croître et embellir.

En 1856, à son retour de l'exil subissait depuis le coup d'État, Girardin vendit la *Presse* au Juif Moïse Millaud et acheta la *Liberté*.

Plus tard, après la Commune, rallié à la République, il s'appropria le *Petit Journal* également fondé par Millaud, puis il prit la direction de la France. Ce furent ses derniers journaux.

Quant à Moïse Millaud, avec le concours de son coreligionnaire le banquier Mirès, il acheta le *Constitutionnel* et le *Pays* qu'il s'empressa de Mettre à la disposition du gouvernement impérial.

Ainsi se consolidait et progressait l'influence d'Israël sur un organisme qui lui permettait d'agir à la fois sur l'opinion publique et sur les sphères dirigeantes.

La rencontre de ces trois personnages : le grand pirate de presse Émile de Girardin et les deux Juifs Moïse Millaud et Isaac Mirès, fut vraiment providentielle pour les secrets desseins d'Israël. C'est à croire quelle a été voulue et manigancée par Jéhovah

Dans une étude sur le banquier Mirès, publiée dans le numéro de *Paris-Soir* du 28 décembre 1940, M. René Giverny s'exprime ainsi sur ses origines et ses débuts :

« *Isaac Mirès, né à Bordeaux en 1809, eut le génie de l'escroquerie.*

« *Lorsqu'on prend connaissance des documents de l'époque, on est stupéfait de constater qu'il a « découvert » la technique de tous les scandales financiers politico-judéo-maçonniques de ces vingt dernières années.*

« *Ancien fonctionnaire des contributions directes, courtier malheureux et agent d'affaires sans scrupules, Isaac Mirès débuta à Paris en 1840. Mais son ascension vertigineuse ne commença qu'après la révolution de 1848.*

« *Associé à son coreligionnaire Moïse Millaud, il comprit l'importance d'une presse à sa solde, en tant qu'agent de corruption et de persuasion.*

« *Les deux compères achètent à crédit le* « Journal des chemins de fer », *véritable outil de leur fortune. Simultanément ils fondent la* « Caisse des actions réunies », *au capital de 5 millions de francs. Une habile publicité orienta la faveur des épargnants sur les titres dont ils s'étaient préalablement assuré un paquet respectable. Les titres montèrent, la Caisse réalisa : les titres baissèrent, la Caisse se défila.*

« *Quelques distributions de dividendes fictifs permirent d'étaler l'opération.* »

Cette déconfiture ne paralysa pas l'esprit d'entreprise de Mirès.

S'appuyant sur la *Société des Journaux réunis*, qu'il avait fondé avec Émile de Girardin et Moïse Millaud, il lança la Caisse des Actions réunies, au capital de 12 millions bientôt porté à 50 millions.

Vinrent ensuite la Société du Port de Marseille et la Société Immobilière de Marseille qui le poussèrent au premier rang de la haute finance, au grand dam des petits épargnants de la Canebière et d'ailleurs.

Son dernier coup de maître fut celui de la Société des chemins de fer de Pampelune, qui lui rapporta en quelques semaines un bénéfice de 10 millions-or, ce qui était une jolie somme à l'époque.

N'oublions pas que toutes ces affaires, qui ont mal tourné, ne purent être réalisées que grâce aux coups de grosse caisse d'une presse soudoyée pour alléger le bon public de ses économies.

Le journaliste financier Neymarck, qui faisait alors autorité, a écrit : « Les actions appartenaient, pour la plupart, à des ouvriers, à des artisans, « à des domestiques, à de petits négociants », sans oublier les humbles ecclésiastiques et les modestes fonctionnaires.

Digne préface des grandes rafles d'aujourd'hui !

Finissons-en avec la diabolique trinité judéo-politico-financière formée par un Aryen de haute culture, mais d'esprit dévoyé, et deux Hébreux qui surent admirablement exploiter son amoralité.

Aussi bien n'avons-nous parlé si longuement de ce groupe sans scrupules, que parce qu'il est éminemment représentatif de l'intrusion sémitique dans un milieu susceptible d'exercer une action prépondérante sur le cours des événements politiques et sociaux.

À l'instar de Girardin, d'autres hommes de plume favorisèrent plus ou moins consciemment cette intrusion, tels A. De Villemessant avec son *Figaro*, Édouard Hervé et J.-J. Weiss avec leur *Journal de Paris*, Hébrard avec le *Temps*, Taxile Delord avec le *Siècle*, Clément Duvernois avec le *Peuple français*, etc.

Soit qu'ils subissent directement la loi des riches Sociétés ou personnalités juives, des Rothschild, des Péreire, des Hottinguer et des Mirès ; soit qu'ils missent fructueusement leur publicité au service des grandes affaires d'intérêt public ou des simples rafles et coups de filets qui remplissaient les coffres d'Israël, ces seigneurs de la gazette faisaient admirablement le jeu de ceux que la Révolution avait si imprudemment émancipés.

Heureusement que, à côté des trafiquants de la presse, il y eut, dans la période dont nous venons de parler, quelques belles figures de journalistes probes et consciencieux.

À leur tête, citons Lamartine, Louis Blanc, Armand Carrel, Proudhon, Louis Veuillot, Jules Claretie et, parmi les débutants, Henri Rochefort, Édouard Drumont, Jules Vallès, Félix Pyat, Charles Delescluze.

Ceux-là ne baissèrent pavillon devant aucune puissance d'argent et l'on peut dire d'eux, qu'en des temps d'abjecte vénalité, ils sauvèrent l'honneur de la presse.

FIG. 2

ÉMILE DE GIRARDIN

Confiance ! Confiance !
Alphonse Colomb

FIG. 3

MOÏSE POLYDORE MILLAUD

Tout à 1 sou !

FIG. 4

JULES ISAAC MIRÈS

caricature par Gill

FIG. 5

ISAAC PÉREIRE

d'après un daguerréotype de Nadar

AGENCE HAVAS

Pour bien faire comprendre comment la haute Juiverie a pu réussir à vassaliser la presque totalité de la presse, il est nécessaire de consacrer quelques pages à ces Agences d'information et de publicité qui ont été son meilleur instrument de corruption.

Un jour, le Juif converti Arthur Meyer, directeur du *Gaulois*, donnait ce conseil au Comte de Paris, prétendant au trône de France :

« *N'ayez aucun journal, Monseigneur, ni le Gaulois, ni un autre ; mais ayez à tout prix un pied dans une ou plusieurs agences. L'agence donne l'influence déguisée, anonyme ; personne ne s'en mêle, et c'est une arme d'autant plus sûre* ».

Comme Juif de naissance et comme directeur de grand quotidien, Arthur Meyer était, comme dit l'autre, payé pour le savoir.

D'autre part., un célèbre journaliste autrichien, M. Eberlé, a écrit dans son livre *La Presse* grande puissance :

« *Les grandes agences télégraphiques du monde, qui signalent au loin ce que le monde doit savoir ou ignorer, et cela sous la forme voulue, ces agences, ou sont propriété* « *juive, ou obéissent à la direction juive.* »

Nous allons voir que, lui aussi, il était bien renseigné.

Au premier rang de ces puissantes entreprises, se classe, par ordre de date et d'importance, l'Agence Havas.

Nous ne saurions mieux la présenter qu'en reproduisant un passage de la description qu'en a donnée notre grand romancier Balzac dans le second numéro de sa *Revue Parisienne* :

> « *Le public peut croire qu'il y a plusieurs journaux, mais il n'y a, en définitif, qu'un seul journal.*
>
> *Il existe à Paris, rue Jean-Jacques-Rousseau, un bureau dirigé par M. Halvas, ex-banquier, ex-co-propriétaire de la* Gazette de France*, ex-co-associé d'une entreprise pour l'exploitation des licences accordées par Napoléon à l'époque du blocus continental. M. Havas a vu beaucoup de gouvernements ; il vénère le fait et professe peu d'admiration pour les principes ; aussi a-t-il servi toutes les administrations avec une égale fidélité. Si les personnes changent, il sait que l'esprit public est toujours le même.*
>
> *M. Havas a une agence que personne n'a intérêt à divulguer, ni les ministères ni les journaux d'opposition. Voici pourquoi, M. Halvas a des correspondances dans le monde entier ; il reçoit tous les journaux de tous les pays du globe ; lui le premier. Aussi est-il logé rue Jean-Jacques-Rousseau, en face de l'hôtel des Postes, pour ne pas perdre une minute*(4).
>
> *M. Havas, cette providence des journaux de Paris, est aussi celle des journaux de province. Presque toutes les feuilles de province appartiennent à des imprimeurs de l'administration, et, pour conserver leurs impressions, il faut être à la dévotion de M. Le Préfet. M. Le Préfet demande à M. Le Ministre de l'Intérieur ce qui se doit penser dans son département... M. Havas est l'administrateur secret de la correspondance des départements à raison de 6.000 francs par mois...*
>
> *Ainsi, de même qu'il n'y a qu'un journal à Paris, il n'y a qu'un seul journal pour les départements.*
>
> *Tous les journaux de Paris ont renoncé, pour des motifs d'économie, à faire, pour leur compte, les dépenses auxquelles M. Havas se livre d'autant plus en grand qu'il a maintenant un*

---

4. — L'Agence Havas a été transférée plus tard place de la Bourse.

monopole, et tous les journaux, dispensés de traduire comme autrefois les journaux étrangers et d'entretenir des agents, subventionnent M. Havas par une somme mensuelle pour recevoir de lui, à l'heure fixe, les nouvelles de l'étranger. A leur insu, ou de science certaine, les journaux n'ont que ce que le premier ministre leur laisse publier... S'il y a vingt journaux et que la moyenne de leur abonnement avec M. Havas soit de 200 francs, M. Havas reçoit d'eux 4.000 francs par mois. Il en reçoit 6.000 du Ministère... Comprenez-vous maintenant la pauvre uniformité des nouvelles étrangères dans tous les journaux ! Chacun teint en blanc, en vert, en rouge ou en bleu la nouvelle que lui envoie M. Havas, le Maître-Jacques de la presse. Sur ce point, il n'y a qu'un journal fait par lui et à la source duquel puisent tous les journaux... »

Ce M. Havas (Charles-Louis) était un Juif séphardim qui, pour fonder la maison portant son nom, avait acheté en 1835 au Juif allemand Bœrnstein sa *Lithographierte Korrespondenz*.

Il eut au début, comme collaborateur, le Juif Bernhard Wolff qui créa en 1849 l'Agence *Wolffsche Telegraphen Buro* (*Agence Wolff*), et le Juif Josaphat Beer, lequel fonda la même année, à Londres, l'*Agence Reuter*.

Dès 1850, le *Bureau Havas*, devenu depuis l'*Agence Havas*, se développa considérablement grâce à l'invention du télégraphe électrique.

En 1856, elle fusionna avec l'agence d'annonces Bullier, et, en 1873, elle organisa, multiplia et perfectionna ses services de manière à pouvoir donner à ses journaux abonnés, non plus seulement des dépêches et des annonces, mais encore une correspondance politique, ainsi que des faits divers, des feuilletons littéraires et même des romans.

On conçoit dès lors de quelle utilité elle pouvait être à la haute banque juive agissant, au mieux des intérêts d'Israël, sous la souveraine inspiration du Kahal.

En 1879, après la mort du fils Havas, l'agence fut mise en société anonyme par un autre Juif, le baron d'Erlanger, avec l'aide de deux de ses congénères, le baron Hirsch et Arthur Meyer.

Son capital, qui était alors de 8 millions et demi, passa successivement à 18 millions et demi en 1920, à 27 millions 750.000 francs en 1921, à 37 millions en 1922, à 50 millions en 1924, à 87 millions en 1927 et à 105 millions en 1930.

Par son réseau de correspondants de province et de l'étranger, par ses contrats d'échange avec les plus grandes agences mondiales, par sa soumission aux directives du gouvernement qui lui verse une subvention annuelle approchant de 50 millions, elle est devenue en France la reine de l'information, de la publicité et, en quelque sorte, de l'opinion publique.

Dans une étude très documentée de la revue *Esprit* (N° de septembre 1933), son auteur, M. Ulmann, expliquait que la publicité « distribuée » par Havas est de trois sortes :

1° Publicité d'influence, faite par un gouvernement pour préparer ou appuyer ses décisions, pour étouffer un scandale, ou pour dissimuler au public l'importance de certains événements dont la révélation pourrait orienter l'opinion publique contre la politique de l'État.

2° Publicité commerciale. Par son expérience et les connaissances techniques de ses collaborateurs, Havas paraît aux grandes firmes particulièrement bien placée pour distribuer leur publicité au meilleur prix et avec le meilleur rendement possible.

3° Publicité financière. Cette publicité consiste à créer des mouvements d'opinion, des « atmosphères favorables » à telle ou telle valeur, à telle émission ou à tel emprunt.

On voit d'ici tout le parti que peut tirer d'une telle puissance, au point de vue politique, économique et financier, la maffia israélite qui, conformément aux prophéties du Talmud et sous la baguette directrice de son grand Comité international, a entrepris de conquérir le monde.

Dans leur *Histoire de la Presse*, nos distingués confrères Jean Galtier-Boissière et René Lefebvre s'exprimaient ainsi :

« *Alors qu'en Italie et en Allemagne, pays de dictatures, les journaux qui n'ont pas été supprimés publient uniformément le même texte, communiqué par le Pouvoir, en France, où règne la liberté de la presse, une puissante organisation extra-gouvernementale se trouve posséder le quasi-monopole de l'information mondiale de la publicité commerciale et financière, des subventions et budgets de silence ; tient à sa merci la presque totalité de la presse quotidienne, en la soumettant aux ordres de l'oligarchie industrielle et financière et contrôle enfin divers organes politiques — AUXQUELS ELLE A L'HABILITÉ DE LAISSER LEUR COULEUR POLITIQUE.*

« *Cas vraiment extraordinaire !* Cette agence OFFICIELLE, qui reçoit des dizaines de millions de l'État, *se sent assez puissante pour lancer, à la demande de ses clients, des campagnes publicitaires ouvertement dirigées contre certaines initiatives gouvernementales.* OFFICIELLEMENT *chargée de la propagande française, distributrice des énormes budgets coloniaux, l'Agence Havas commandite un « organe de la solidarité française » ouvertement fasciste et qui prêche le renversement du régime républicain ; s'emploie à monter, par l'intermédiaire de ses journaux de* nuances politiques opposées, *des mouvements d'opinion en sens différents. Et devant la baguette du mystérieux* chef d'orchestre, *tous les cabinets — qui l'entretiennent — s'inclinent en tremblant, comme jadis les présidents américains devant les trusts : Ils n'ignorent pas qu'un coup de campagne de presse — à droite ou à gauche — une panique en Bourse ou un mouvement public « spontané », à déclencher une émeute, à envenimer une situation diplomatique, à renverser un gouvernement...*

« *La presse, déclarait prophétiquement El Araby* (5), *est devenue l'une des principales puissances qui gouvernent le monde ; la plus redoutable, peut-être, par son pouvoir de faire le mal plus encore que le bien. Par le monopole de l'information et de la critique publiques,, elle stimule, maîtrise ou actionne toutes les forces sociales. Et elle-même, pour peu que ses représentants*

---

5. — *La Conscription des Neutres*, p. 9.

s'entendent pour la poursuite d'intérêts économiques communs, devient pratiquement irresponsable même envers une opinion publique que trop souvent elle crée, qu'elle guide toujours, qu'elle est en mesure d'aveugler ou d'éclairer. Il n'y a pas de compartiment de l'activité sociale où le maintien de la libre concurrence — non pas seulement de la compétition économique effective, mais de la lutte des idées, des méthodes, des doctrines — soit plus désirable pour la sauvegarde des intérêts du public que dans celui qu'exploite la presse. Si cet instrument d'éducation de la conscience populaire venait à tomber en la possession exclusive d'un consortium de financiers ou d'hommes d'affaires, il deviendrait possible à ce consortium de dicter à un peuple sa politique sociale et de la conduire, au gré des intérêts d'un gouvernement occulte, sur la pente de la guerre aussi aisément que sur celle de la paix. »

C'est ce qui est malheureusement arrivé !...

Nous pourrions multiplier, les détails pour montrer que le « gouvernement occulte » qui avait créé et développé ce formidable instrument d'asservissement de la presse, était celui constitué par la haute finance juive.

Havas, Wolff, Beer, qui l'avaient forgé ; d'Erlanger, Hirsch, Meyer qui avaient accru sa puissance, n'étaient-ils pas de purs descendants d'Abraham ?

Les banquiers Juifs Horace Finaly, Jacques Stern et Rosenbleth (6) n'en étaient-ils pas, ces dernières années, les trois principaux actionnaires ?

Et l'Hébreu Léon Blum n'y avait-il pas, dès son arrivée au pouvoir, installé ses créatures à la tête des services les plus importants : les André Hesse, Fransallès, Wolff, Quilici, Gunsbourg, Hirsch, Lièvre, Tabet, Cerf, Schumann, Alary, Halévy, Nathan, Sazlawski, Gaymann, etc. ?

Inutile donc de nous étendre davantage sur cette organisation néfaste, qui a causé tant de ravages dans notre pays.

---

6. — Horace Finaly et Jacques Stern, chacun 20.000 actions ; Rosenbleth, 1.522

Nous en avons dit, assez pour faire comprendre aux lecteurs intelligents et sans parti pris le mécanisme au moyen duquel Israël est arrivé à dicter sa loi à une classe dirigeante partagée entre l'aveuglement et la vénalité, et à créer des courants d'opinion favorables à ses secrètes ambitions.

FIG. 6

Le petit vingtième

Où l'on fait la connaissance de M. B. Mazaroff...
Vingtième siècle n° 31 Jeudi 8 août 1936, page de couverture

AGENCE RADIO — AGENCE FOURNIER
AUTRES AGENCES

A côté de l'Agence Havas, mais avec des moyens et des buts plus limités, d'autres agences de presse se sont créés par la suite.

Au premier rang de celles-ci, l'Agence Radio.

C'est en février 1916 que M. Henri Turot, ancien conseiller municipal de Paris, fut mis en rapport par M. Aristide Briand, président du Conseil et ministre des Affaires étrangères, avec le Juif international Bazil Zaharoff qui lui fournit, pour la fondation de l'Agence Radio, une commandite de 1.525.000 francs.

Il s'agissait, en principe, de soutenir la politique française dans les Balkans et d'alimenter spécialement, en Grèce, les journaux dévoués à notre cause.

Mais, dès l'année suivante, au dire de notre excellent confrère M. R. Mennevée, directeur des *documents politiques* :

« *M. Bazil Zaharoff reçut de Londres, de la* PUISSANCE INCONNUE, L'ORDRE *d'abandonner l'Agence Radio dont l'activité se révélait trop favorable aux intérêts français, c'est-à-dire opposés à la politique de prédominance de l'Angleterre* ».

Quelle était cette « puissance inconnue ? » Elle, n'était autre que l'Intelligence Service auquel le richissime fabricant d'armes Zaharoff appartenait comme agent supérieur.

Quoi qu'il en soit, privée de son commanditaire, l'Agence Radio, mise en liquidation, se reconstitua sous forme de Société anonyme, au capital de 5.000.000 de francs, sous la direction de M. Marius Gabion, un Français de bonne race, qui dut malheureusement s'adjoindre comme collaborateur, à côté d'Aryens authentiques, une tribu de Sémites comme les sieurs Rueff, Nahmias, Astruc, etc.

Malgré la présence auprès de lui de cet élément indésirable, M. Gabion put conserver à l'agence une certaine indépendance.

Aussi, dès l'arrivée au pouvoir de M. Léon Blum, des négociations intervinrent-elles entre le gouvernement et l'Agence Havas polir s'emparer de sa direction et de son administration.

Ces tractations aboutirent par le moyen classique d'un massif achat d'actions de la société convoitée.

Et M. Marius Gabion, jugé trop indépendant, dut s'effacer devant un M. Albert Mousset tout dévoué au Front populaire.

Avec l'Agence Fournier, nous allons voir un autre exemple de la domestication des agences de presse par les pontifes des Douze Tribus.

Dans cette officine d'information régnaient les Juifs Meyer, Nathan, Weill, Lévy et, à leur tête, Robert Bollack qui était en même temps directeur de l'*Agence Économique et Financière* et chef de la publicité du *Temps*.

Mais elle avait comme administrateur un bon publiciste français, M. Jean Fontenoy, .qui ruait parfois dans les brancards et à qui l'on faisait la vie dure, au point qu'il fut obligé de démissionner au mois de septembre 1938.

Dans sa lettre de démission, adressée au dit Bollack, M. Fontenoy a récapitulé ses griefs, accusant son antagoniste de « fabriquer » au besoin des dépêches pour affirmer son point de vue, de couper ou de rectifier des nouvelles contraires à sa politique et de s'acharner contre des correspondants que leur situation amenait à donner des informations non conformes à cette politique.

Dans l'*Émancipation nationale* du 6 novembre 1938, M. Fontenoy revient à la charge :

> « Je dirai que M. Bollack voyait chaque jour plutôt trois fois que deux, M. Mandel, et, plutôt deux fois qu'une, M. Paul Reynaud. Aussi n'attachait-il de prix qu'aux nouvelles qui pouvaient servir la politique de ses amis ministres.
>
> « Je me souviens de fréquentes algarades consécutives aux visites qu'il venait de faire à ces messieurs : Londres, disait-il, devrait comprendre les choses, s'édéniser et comment tolérions-nous que Prague publiât le mémorandum des Sudètes ! »

On saisit ici, pour ainsi dire sur le vif, l'étroite collusion de la gent d'Israël et de certains gouvernements pour mettre la main sur les organismes exerçant une influence sur l'opinion publique.

Ainsi étouffe-t-on soigneusement, altère-t-on perfidement ou divulgue-t-on à grand orchestre les faits qui peuvent, dans un sens ou dans un autre, impressionner le candide lecteur.

Ainsi chloroforme-t-on ou empoisonne-t-on, au profit d'intérêts qui ne sont pas les siens sa naïve mentalité.

De nombreuses petites agences de presse gravitent autour des grandes dont nous venons de parler.

Depuis un siècle, il s'en est créé et il en est disparu à foison, presque toutes fondées, dirigées ou inspirées par des fidèles de Jéhovah.

Parmi celles qui existaient encore avant 1940, citons :

L'Agence technique de la Presse, qui avait pour directeur le Juif Jacques Landau, assisté du Juif Jean Goldski, tous deux condamnés, en 1917, pour intelligences avec l'ennemi.

L'Agence Mitropress, fondée par les Juifs Friedmann, Kahn et Epstein.

L'Agence de l'Est, ayant à sa tête le Juif J.-S. Bernstein.
L'Agence Impress, dirigée par le Juif Kurt Rosenfeld.
Ainsi des autres.

Aussi M. Jean Fontenoy, déjà nommé, pu écrire avec raison :
« À côté des agences officielles qui vivent grâce aux subsides gouvernementaux, toute agence prétendue libre est en réalité, elle aussi, l'instrument de quelqu'un. »
Presque toujours du Juif ! Ajouterons-nous avec certitude.

Nous ne saurions mieux terminer ce chapitre qu'en citant un exemple d'embargo mis sur la pensée française par les agences de publicité ? Ce sont les frères Tharaud nous le fournissent dans leur livre : *Quand Israël n'est plus roi*.

Chargés par *Paris-Soir* d'un reportage en Allemagne, ils avaient vu leurs articles brusquement interrompus.

Étant allé en demander la raison au directeur du journal, J. Tharaud fut accueilli par cette explosion :

« *Ah ! Quelle histoire ! Jamais on n'a vu cela ici ! Un vrai raz-de-marée ! Salle Wagram, dans un meeting de protestation contre Hitler, des orateurs vous ont pris à partie, vous et le journal bien entendu. On vous a injurié et traîné dans la boue comme d'ignobles professionnels de l'antisémitisme. Sur quoi, une bande en délire est venue brûler sous nos fenêtres les numéros du journal où ont paru vos articles. Un autodafé, ce n'est pas mal. Mais voici la plus grave. Les courtiers de publicité sont entrés dans la danse. Et vous savez, les courtiers Juifs, c'est au moins 60% de la publicité d'un journal... Alors, vous comprenez, nous avons arrêté...* »

Est-elle assez suggestive, cette capitulation d'un grand quotidien sous la menace d'un retrait de publicité juive !

MESSAGERIE HACHETTE

Avec les Messageries Hachette, colossale entreprise de transport, de distribution et de vente du papier imprimé, nous nous trouvons en présence d'un formidable monopole de la Juiverie.

C'est, en effet, l'Agence Havas, dont nous venons de voir le complet enjuivement, qui détient la majorité de ses actions, et ce sont les deux banquiers Juifs Horace Finaly et Jacques Stern qui ont voix prépondérante dans son conseil d'administration.

De plus, c'est grâce à la complicité de deux ministres Juifs des Travaux publics, leurs Excellences Raynal et Millaud, que le monopole de cette maison, acquis frauduleusement en 1852, a été confirmé en 1883 et renouvelé en 1914.

En effet, ce monopole n'avait jamais été accordé par aucun gouvernement. Il avait même été refusé nettement en 1852 par le ministre de la police, M. De Maupas.

La maison Hachette n'avait qu'un traité passé avec les Compagnies de chemises de fer, et ce traité n'avait point été soumis à l'approbation du ministère.

Voici, à ce sujet, l'opinion d'un expert, M. Couche, ingénieur en chef, devenu plus tard inspecteur général des mines :

> « *Les bibliothèques des gares, dont la Librairie Hachette est propriétaire, n'ont aucune existence légale... La bibliothèque des chemins de fer est le résultat d'un subterfuge habile, mais qui n'aurait pas dû réussir.* »

Comme on reconnaît bien, dans cet audacieux tour de passe-passe, le sans-gêne et l'absence de scrupules de la race élue !

Mais expliquons un peu, pour le public, profane, le genre et la méthode d'exploitation des Messageries Hachette.

En vertu du monopole qu'elle s'est adjugé, cette firme possède le droit exclusif de la vente des journaux, des périodiques et des livres dans les gares.

De plus, par suite de l'absorption par elle de toutes les entreprises similaires, elle a le monopole effectif du transport de ces articles par chemin de fer, avec un tarif privilégié.

On voit les bénéfices que doit lui procurer une telle exclusivité.

Aussi sa prospérité n'a-t-elle cessé de croître.

Dans leur *Histoire de la Presse* déjà mentionnée, nos estimés confrères Jean Galtier-Boissière et Charles Lefebvre en parlent dans les termes suivants :

> « *Après avoir été une entreprise familiale, la maison Hachette s'est transformée en 1919 en une Société dont le capital est passé de 24.225.000 à 100 millions. Sa politique contemporaine semble avoir été l'organisation d'un vaste trust du papier imprimé, allant du quotidien au livre, en passant par toutes les publications périodiques, d'une part par l'organisation de dépôts et de sous-dépôts gérés par les employés de la maison et concurrençant les librairies, d'autre part par la prise de contrôle de nombreuses maisons d'éditions parisiennes, mises en difficulté par la crise.*
>
> *Quant aux périls que peut faire courir aux libertés diverses un monopole comme celui d'Hachette, il faut distinguer, d'une part, l'indépendance du commerce du papier imprimé ; d'autre part, l'indépendance de la pensée.*

« À ce dernier point de vue, le danger d'un véritable trust comme Hachette — et qui fut dénoncé par de nombreuses personnalités, de Barrès à Gustave Téry — paraît toutefois tempéré — en dehors même de coquetteries personnelles à l'égard de certaines publications indépendantes — par le fait qu'Hachette-Messageries reste avant tout une maison de commission tirant ses bénéfices du transport et de la vente des périodiques, quelle que soit leur nuance.

« Qu'elles mettent en vente l'Humanité, l'Action Française, le Matin, l'Illustration ou le Canard Enchaîné, le bénéfice est le même, et c'est une considération qui a son poids, dans une entreprise où la neutralité devient presque une obligation commerciale. »

Neutralité bien relative. Car nombreuses sont les publications que les Messageries Hachette ont refusé de mettre en vente, pour raison politique ou pour toute autre raison.

Nombreuses aussi sont celles qu'elles ont avantagées en ordonnant à leurs dépositaires de bien les exposer à leur vitrine ou à leur étalage et de les recommander à leurs clients.

Ainsi ont-elles toujours pu rendre de signalés services aux dirigeants ou aux maîtres du jour en « poussant » ou en « étouffant » certains journaux ou certains livres.

Ces pratiques, courantes dans la maison, ont même donné lieu à des interpellations parlementaires assez retentissantes.

En 1883, par exemple, un grand débat s'ouvrit à la Chambre sur une pétition signée par les écrivains suivants : Henri Rochefort, Catulle Mendès, Émile Bergerat, Paul Alexis, Barriard, Champsaur, Ernest d'Hervilly, Jules Guérin, de Hérédia, Léon Hennique, Pierre de Lano, Maurice Montégut, Guy de Maupassant, Barbey d'Aurevilly, Léon Chapron, Jean Richepin, Émile Blavet, Léo Taxil, Cavallé, Deschaumes, Dubrujeaud, Gros-Claude, Paul Hervieu, Ernest Leblant, Lucien Rémi, Octave Mirbeau, Albert Samanos, Henri Becque.

Ces hommes de plume, dont quelques-uns étaient déjà ou devaient devenir célèbres, se plaignaient de l'ostracisme dont étaient frappés, par la maison Hachette, certaines œuvres qui n'avaient rien d'immoral, alors que des publications parfaitement obscènes étaient l'objet de toutes ses faveurs.

Ils demandaient en conséquence que le droit de censure, qu'elle avait usurpé, lui fût retiré, et que le monopole dont elle jouissait abusivement fût supprimé.

Dans sa réponse, le ministre Juif Raynal dut reconnaître que le traité dont se prévalait Hachette n'avait jamais été homologué, mais il n'en refusa pas moins de faire droit aux réclamations des pétitionnaires.

Quelques années plus tard, les Messageries ayant refusé de mettre en vente le courageux chef-d'œuvre d'Édouard Drumont, la *France juive*, ce dernier essaya de faire intervenir à la tribune législative son ami Albert de Mun.

Mais celui-ci, effrayé, essaya de passer la corvée à un autre de ses collègues, lequel voulut en charger un troisième, qui se déroba à son tour.

Bref, l'interpellation n'eut pas lieu.

Le grand monopole Juif exerçait son pouvoir d'intimidation jusque sur la représentation nationale.

Monopole ?... En réalité, véritable trust. Trust à la fois commercial et intellectuel.

Trust qui constituait une atteinte permanente à la liberté du négoce, en même temps qu'un sérieux danger pour la pensée française.

LES INAVOUABLES RESSOURCES DE LA PRESSE

En dehors de la publicité régulière fournie aux journaux par le canal de l'Agence Havas, et dont celle-ci possède l'exclusivité, il existe pour la presse diverses sources d'alimentation financière, qui lui imposent soit une complicité morale, soit une soumission absolue à certaines directives, — parfois les deux ensemble.

Au cours de sa déposition devant la Commission d'enquête Stavisky, M. Édouard Daladier, ancien président du Conseil, fut amené à faire des déclarations exceptionnellement graves sur les rapports du gouvernement et des quotidiens.

Il a déclaré que *les quatre cinquièmes des journaux étaient subventionnés par tous les gouvernements* :

« *Dans l'état actuel de la presse française*, a-t-il dit, *les journaux qui vivent de leur travail, vente, abonnements, publicité purement commerciale, sont extrêmement rares* ».

Voilà qui donne une fière idée de l'indépendance et de la dignité des feuilles dont le bon public suit aveuglément les indications et les conseils.

Nous avons vu, dans les pages précédentes, que cette pratique, aussi peu reluisante pour celui qui donne que pour celui qui reçoit, était déjà en honneur sous le premier Empire, la Restauration, la monarchie de Juillet et le second Empire.

Elle devait prendre un essor considérable sous la troisième République.

« Les quatre cinquièmes des journaux ! » a reconnu M. Daladier. « Et ce ne sont pas les plus recommandables ! Aurait-il pu ajouter.

Est-ce que M. Albert Dubarry, dont le journal, la *Volonté*, n'avait qu'un tirage infime, n'« émargeait » pas de 70.000 francs par mois, qui lui avaient été alloués par M. Camille Chautemps ?

Miguel Almereyda, du *Bonnet rouge*, ne touchait-il pas de copieuses enveloppes de son ami Louis Malvy, ministre de l'Intérieur ?

Le député nègre Darius ne recevait-il pas, aux frais des contribuables, 360.000 francs par an pour un petit « canard » de potins et de Chantage ?

Alors que des feuilles sans importance et discréditées comme celles-là, obtenaient du gouvernement des subventions aussi importantes, quelles devaient être les sommes versées aux grands quotidiens !

On s'en fera une idée, si l'on sait que, d'après le témoignage de M. Gaillet, avocat à la Cour de Saïgon, quatre articles du *Temps* sur l'Indochine ont été payés à ce journal 400.000 francs, soit 100.000 francs par article.

Quant aux subventions des gouvernements étrangers à la presse française, il n'y a qu'à lire, pour être édifié, le rapport Doyen, de 1913, sur l'émission des bons du Trésor Ottoman et les passages des *Mémoires* de M. De Bulow sur la question bosniaque.

Les journaux, même ceux qui paraissent les plus indépendants et les plus honnêtes, se font donc couramment rétribuer pour soutenir, On simplement ne pas combattre, non seulement la politique du gouvernement français, mais aussi celle des gouvernements étrangers.

Et nous croyons avoir démontré que ces politiques sont inspirées ou suggérées par la Maffia judéo-maçonnique internationale !

Mais les allocations ministérielles ne sont pas les seules ressources clandestines des grands et des petits prétendus organes de l'opinion.

A côté d'elles, il y a les budgets de publicité financière des banques.

Presque tous les journaux contiennent une rubrique financière qui paraît impartiale, mais qui, d'après le technicien Tchernoff :

> « *Recommande très indirectement et très habilement, avec toute la discrétion voulue, les valeurs d'une entreprise avec laquelle le journal a passé un traité.* »

Les Juifs Péreire et Arlès Dufour, sous Louis-Philippe et la Société juive Panis & Cie, sous Napoléon III, furent les innovateurs de cette réclame financière camouflée.

Ce genre de réclame prit une telle extension sous la Troisième République, qu'à la séance de la Chambre du 6 avril 1911, Jaurès a pu dire :

> « *Maintenant, il s'est organisé un trust des bulletins financiers : c'est une organisation unique, centrale, qui, à la même heure, sur toutes les affaires qui se produisent, donne exactement la même note, et vous voyez d'ici l'influence formidable qu'exerce nécessairement sur l'opinion une presse qui, par tous les organes de tous les partis, donne à la même heure le même son de cloche, discrédite ou exalte les mêmes entreprises et pousse toute l'opinion comme un troupeau dans le même chemin.* »

On devine par quelles mains a été forgé, ce trust des bulletins financiers. Naturellement par les mêmes mains crochues qui organisent toutes les grandes combinaisons d'influence et de profits.

Interrogé par la Commission d'enquête de l'affaire Oustric, le Juif Perquel, directeur du *Capital*, a donné d'intéressantes précisions sur ce système de corruption et a déclaré, non sans une pointe. De satisfaction, que, pour sa part, il avait touché parfois jusqu'à 100.000 francs pour une simple insertion d'une douzaine de lignes.

Il est vrai que, comme congénère, il était gâté, par la Juiverie du trust.

Citons encore M. J. Galtier-Boissière qui, dans sa forte étude consacrée à la presse, s'est exprimé ainsi sur les agissements publicitaires de l'escroc Stavisky, qui était à la fois Juif et Franc-Maçon et jouissait, à ce double titre, de toutes les faveurs et de toutes les protections gouvernementales :

> « *Alexandre Stavisky fonda une Société de publicité pour afferrmer un certain nombre d'hebdomadaires, qui pouvaient avoir la tentation de l'attaquer ; il s'intéressa ensuite à deux quotidiens, l'un étiqueté « de gauche », la* Volonté, *d'Albert Dubarry ; l'autre d'extrême droite, le* Rempart, *de Paul Lévy.*
>
> « *La couleur des deux feuilles importait assez peu à Stavisky, et sans doute n'intervint-il jamais pour orienter la politique — intérieure ou extérieure — des journaux qu'il commanditait, laissant toute liberté à Dubarry de prôner le rapprochement franco-allemand ou à M. Paul Lévy de pousser patriotiquement aux commandes d'artillerie lourde et de coupoles blindées.*
>
> « *L'escroc désirait simplement avoir pour obligés deux directeurs de journaux possédant de puissantes relations politiques et susceptibles de lui présenter les hommes en place, qu'il inviterait à dîner...* »

On a véritablement honte, pour la presse française, d'avoir à enregistrer de telles capitulations de conscience devant l'autel du Veau d'or.

Et il n'est pas surprenant que le public, sans même connaître toutes les turpitudes du journalisme et son aplatissement aux pieds des rejetons d'Isaac, enveloppe dans un même discrédit tous ceux qui écrivent dans une gazette,

Il est pourtant d'honorables exceptions, et c'est avec raison que notre confrère et ami Urbain Gohier a pu tracer ces lignes vengeresses :

> « *Le public ne connaît pas les vrais journalistes, qui vivent une vie laborieuse, bourgeoise, quelquefois très retirée ; il connaît comme journalistes les aventuriers, les faiseurs, les escrocs, les*

pique-assiettes, les maîtres-chanteurs, qui grouillent autour des hommes en place qui n'ont pas de travail honorable, pas de ressources, ou des salaires dérisoires, et qui mènent sans argent une existence bruyante. »

Nous n'ajouterons qu'un mot à cette flétrissure.

Pour une poignée de journalistes propres, indépendants et consciencieux, quelles légions de folliculaires véreux, tarés et domestiqués par Israël !

FIG. 7

La soumission

Cela se résume ainsi : monsieur l'Éditeur, vous retirez le MOT ou alors nous retirons nos publicités, Suis-je assez clair ? [Le mot «Juif» ne doit jamais être mentionné dans les articles de presse en ce qui a trait aux crimes ou aux fraudes]...

Leese, Arnold Spencer
Notre livre de caricatures séditieuses 1939 (Our Seditious Cartoon Book) ; p. 6

LE PILORI DE LA PRESSE

Quand ils se furent rendu compte de la grande efficacité du concours que leur avaient apporté les feuilles révolutionnaires, pour se faire octroyer, par la Constituante, les droits de citoyens français, les Juifs n'eurent plus qu'une pensée : se rendre maîtres de ce précieux instrument de propagande et de pression que pouvait être une Presse dont ils prévoyaient déjà l'énorme développement.

Nous avons vu par quels moyens ils s'assurèrent peu à peu cette conquête, qui est aujourd'hui complète, absolue, comme le prouve le tableau de chasse ci-après.

On y trouvera, dans l'ordre alphabétique de leurs titres, la liste des journaux et périodiques dont la propriété, la direction, la rédaction ou l'administration sont entièrement ou partiellement juives.

Nous avons contrôlé, dans toute la mesure du possible, l'exactitude de nos informations.

Si, par hasard, quelque erreur s'y était glissée, nous serions prêts à faire droit, dans les prochaines éditions de cet ouvrage, à toute réclamation justifiée.

....

AGRICULTURE NOUVELLE. Voir PETIT PARISIEN (même maison).

Ami du peuple.

Après l'élimination de François Coty de ce journal qu'il avait fondé et fait prospérer, la direction en passa aux mains du Juif Gabriel Alphaud. Puis il fut acquis par le Juif Jéroboam Rothschild (dit Georges Mandel) qui le plaça sous la direction générale du Juif Michelson.

Annales contemporaines (les).

Directeur : le Juif Marc Vichniac.

Antinazi (l').

Directeur : le Juif Walter Keil :

Association fraternelle des journalistes.

Comité directeur : les Juifs Cohen (dit Fabius de Champville), Géo Meyer, Ruff (dit Charles Lussy) et Levisalles.

Aube (l').

Commanditaire : le Juif Raymond Philippe.
Collaborateur : le Juif Benda.

Aurore (l').

Collaborateur : le Juif René Lévy.

Auto (l').

Principaux actionnaires : M. Desgranges et le Juif Wertheimer.

Collaborateurs : les Juifs Bénac, Lévitan (dit Géo Villietan), Géo Tizor, Félix Lévitan, Bernard Musnik (correspondant à New-York).

L'*Auto* organisa le « Tour de France » avec le concours des Juifs Veil-Picard, Hirsch, Huygt et des maisons juives Oria, Mireille, Argental, etc.

Aux écoutes.

Directeur : le Juif Paul Lévy.

Avant-garde (l'). Voir Humanité (même maison).

Benjamin.

Directeur : le Juif Lajeunesse. Publicité : le Juif Lehmann.

Cahiers de la ligue des droits de l'homme (les).

Directeur : le Juif hongrois Victor Basch.
Rédacteurs : les Juifs Émile Kahn, Henri Sée, Roger Picard, Salomon

Grumbach, Brunschwigg, Fernand Corcos, Hadamard, Jacques Kayser, Seignobos, O.-R. Bloch, Weil (dit Veil), etc.

CAPITAL.

Directeur : le Juif Jules Perquel, marié à une Juive, née Allatini.

Mais ce Perquel, pour mieux cacher son jeu, a eu l'astuce de faire appel à la collaboration d'écrivains de tous les partis, comme le radical-socialiste J. Caillaux, le nationaliste Pierre Taittinger et le royaliste Jacques Bainville.

CHAINE D'UNION (LA).

Directeur : le Juif Jammy-Schmidt (F∴ M∴ 30e degré).

Rédacteurs : les Juifs Jules Uhry, Pierre Lévy, Alphandéry et Kraemer-Raine.

CE SOIR.

Directeur : le Juif Jean-Richard Bloch.

Administrateur : le Juif Bensan.

Rédacteurs : Les Juifs Gaston Weil, Zimowski et Nathanson. Ce dernier, condamné à 3 mois de prison en 1936, à 8 mois en 1937, puis, en 1938, à la non-confusion des peines, a pu obtenir, du ministère de l'Intérieur, plusieurs sursis successifs à l'arrêté d'expulsion le concernant.

CINÉ-MIROIR. Voir PETIT PARISIEN (même maison).

CRI-CRI.

Éditeurs : les Juifs Offenstadt.

DÉPÊCHE (LA), de Constantin. Voir PETIT PARISIEN (même maison).

DERNIÈRES MODES DE PARIS (LES)

Éditeurs : les Juifs Offenstadt.

DIMANCHE DE LA FEMME (LE). *Idem.*

DIMANCHE ILLUSTRÉ (LE). Voir PETIT PARISIEN

DROIT DE VIVRE (LE).

Directeur : le Juif Lifschitz-Lekah (dit Bernard Lecaohe), président de la Ligue Internationale contre l'Antisémitisme (L.I.C.A.), inspirateur des décrets-lois Marchandeau pour la protection des Juifs et membre du Comité exécutif international du Rassemblement Juif mondial contre le Racisme, qui comprend, entre autres, les Juifs Georg Bernhard, Buenzi, Cenac-Thaly, Georges Zerapha, Woodson, C.-A, Tedesco, Henri Levin, Irène Steinhaus, Lazàre, Rachline Barrotte, Labin, Ronald Kidd, Fernandez Cilmeiro, etc. -

Échos (les).

Directeurs : les Juifs E. et R. Schreiber.

Écho de Paris (l').

Fondateur : le Juif converti Valentin Simond.

Eut comme principaux rédacteurs Albert de Mun, Maurice Barrès et Henri de Kérillis, aujourd'hui en fuite et déchu de la nationalité française.

Collaborateurs : les Juifs Hirsch (dit Hutin), Bernstein, Henry Bauer, etc.

Épatant (l').

Éditeurs : les Juifs Offenstadt.

Époque (l').

Créé par le Juif Henry Simond et l'équipe démissionnaire de l'*Echo de Paris*, à laquelle se joignit le Juif Grunbaum-Géraud (dit Pertinax) aujourd'hui en fuite et déchu de la nationalité française.

Ère nouvelle (l').

Directeur : le Juif Albert Millaud. Ce journal passait pour l'organe officieux de M. Édouard Herriot.

Est républicain (l'). Voir Petit parisien (même maison).

Europe (l').

Rédacteurs : les Juifs Abraham, Bloch, Cassou et Friedmann.

Événement (l').

Directeur : le Juif Géo Meyer.

Excelsior. Voir Petit parisien (même direction).

Chef des informations : Gabriel Reuillard, marié à une Juive.

Rédacteurs : les Juifs Victor Schiff, Edmond Demeter (dit Demaître), Camille Loutre (dit André Sully), etc.

Faubourg (le).

Directeur : le Juif Léopold Hesse (dit Léo Poldès), déchu de la nationalité française, qui a trouvé moyen de faire une grosse fortune avec son « Club du Faubourg » où se font entendre bénévolement les plus brillantes vedettes de la politique, des lettres, des arts, des sciences, etc.

Femina.

Directeur : le Juif Ochs.
Rédacteur en chef : le Juif Dreyfus.

Figaro (le).

Fondé par Villemessant, ce journal a connu bien des avatars. En dernier lieu, acheté et dirigé par François Coty, il devint, lors du divorce de ce dernier, la propriété de sa femme, future épouse du Juif roumain Katz, dit Cotnaréanu.

Directeur, : le Juif Cotnaréanu.

Collaborateurs : les Juifs R. Hahn, Gérard Bauer, Henry Bernstein, André Maurois, Fernand Vanderem, Henri Duvernois, René Lara, André Reichel, Henri Vonoven, etc.

Fillette.

Éditeurs : les Juifs Offenstadt.

Film complet (le).

Idem.

Flambeaux (les).

Rédaction entièrement juive.

Française (la).

Fondatrice : la Juive Jeanne Misme.
Directrice : la Juive Brunschwigg.

France de l'est (la).

Directeur : le Juif Charles Morice.

Histoires en images.

Éditeurs : les Juifs Offenstadt.

Humanité (l').

Voici, d'après les *Petites Affiches* du 5 mai 1904, la liste des premiers commanditaires de l'*Humanité* :

Les Juifs Léon Picard (100.000 francs), Lévy-Bruhl (100.000 francs), le docteur Lévi-Bram (25.000 francs), Jules Rouff (18.000 francs), Casévitz (10.000 francs), Louis-Louis Dreyfus (25.000 francs), Charles-Louis Dreyfus (25.000 francs), Salomon Reinach (10.000 francs), Herr (10.000 francs), Sachs (8.000 francs) et le protestant de Pressensé (30.000 francs).

Il s'agissait de concurrencer et d'abattre la *Petite République*, également socialiste, qui avait entamé une campagne contre le privilège Juif des agents de change. Ainsi l'*Humanité* fut-elle fondée pour la défense de la haute spéculation juive !

Comme couverture aux yeux des braves prolétaires, il y avait encore les souscriptions fictives de Jean Jaurès (10.000 francs), Aristide Briand (5.000 francs) et Gustave Rouanet (2.000 francs).

Dernier directeur de l'*Humanité* : Marcel Cachin.

Rédacteurs : les Juifs Gabriel Péri, aujourd'hui en fuite et déchu de la nationalité française, Nizan, Radi, Benda, Kalmanovitch, Gaymann, Bloch, Rappoport, Cohen, Coran, Lévy et Wallon, administrateur.

Indépendant (l').

Directeur Henry Lémery, sénateur, ancien ministre.

Commanditaire : le banquier Juif Worms, du *Petit Bleu* et de la *Maison de Blanc*.

Information (l').

Direction : Banque juive Lazard frères, dont ce journal est l'organe financier.

Information féminine (l').

Directrice : la Juive Kraetner-Bach.

Intransigeant (l').

Principal actionnaire : le Juif Louis-Louis Dreyfus, banquier, magnat du blé. Membres du conseil d'administration : Les Juifs Léon Mever et Bloch. Rédacteur en chef : le Juif Latzarus (dit Gallus).

Secrétaire général de la rédaction : le Juif Jacques Meyer.

Rédacteurs : les Juifs Abraham, Bromberger, Mever, Moyse, René

Leymann, Mitzakis, Félix Lévitan, Lang, Lewsen, André Laville, Simon, Max Jacobson et R.-E. Singer, correspondant à Vienne.

L'*Intransigeant* est devenu, en dernier ressort, la propriété du groupe *Paris-Soir* (voir ce titre)

Intrépide (l').

Éditeurs : les Juifs Offenstadt.

Jour (le).

Fondé par Léon Bailby en 1933, son principal commanditaire est le Juif Schwob (dit d'Héricourt).

Chef des informations : le Juif Devries. Chef de la publicité : le Juif Hecker.

Rédacteurs : les Juifs Idakowsky, Mayer, Martin, Marx, Lièvre, A. Suarès, etc.

Le *Jour* avait, à ses débuts, commencé une campagne contre la Franc-Maçonnerie, mais il a dû l'arrêter, sur l'injonction de la Juiverie : Il avait, ces dernières années, acheté l'*Écho de Paris*, vieux journal judéophile.

Journal (le).

Fondé par Fernand Xau, il était dirigé en dernier lieu par M. Guimier, de l'agence Havas. Rédacteurs : les Juifs Géo London ; Pierre Wolf, Jean Balensi.

Journal des débats (le).

Administrateur : H. Bousquet, représentant les banques juives Rothschild, et Gunsbourg.

Journée industrielle (la).

Directeur : le Juif Cohen.

Juste parole (la).

Directeur : Oscar de Férenczy, qu'on dit être un Juif converti.

Rédacteurs : presque tous Juifs.

La *Juste Parole* est spécialisée dans la défense de la Judéo-Maçonnerie, comme le *Droit de Vivre*, sous le couvert d'un Comité de patronage catholique, où figurent Mgr Beaupin, le R.-P. Bonsirven, M. Le chanoine Desgranges, MM. Louis Gillet et François Mauriac, de l'Académie Française, Jacques Maritain, etc.

Lili.
Éditeurs : les Juifs Offenstadt.

Loisirs (nos). Voir Petit parisien (même maison).

Lumière (la).
Directeur : le Juif Georges Boris.
Rédacteurs : les Juifs Weisskopf (dit Gombault), Kahn. Altman et Grumbach.

Marianne.
Rédacteurs : les Juifs Emmanuel Berl, Bloch, Blaumanis, Kalder, Zweig, Salomon et Pierre Lazareff. Commanditaires : Raymond Patenôtre et le Juif Raymond Philippe.

Marie-claire. Voir Paris-soir (même maison)

Matin (le).
Organe de la bourgeoisie juive, comme le révèle son « Carnet ».
Directeur : M. Bunau-Varilla.
Chef des informations : le Juif Sain Cohen.
Rédacteurs : les Juifs Kessel, Sommer, Hirsch, etc.
Sous l'occupation allemande, le *Matin*, rédigé en chef par M. Mesnard, est devenu antiJuif, anti-maçon et anglophobe.

Miroir du monde (le). Voir Petit parisien (même maison).

Mode du jour (la).
Éditeurs : les Juifs Offenstadt.

Mon ciné.
Éditeurs les Juifs Offenstadt.

Mulhauser tageblatt (Alsace).
Directeur : le Juif Alfred Wellach.

Neues tagebuch.
Directeur : le Juif Schwarzchild.

Œuvre (l').
Commanditaires : les Juifs Bauer et Marchal.
Rédacteurs : les Juifs Jacques Kayser, Bernard Lecache, Israël, Jacob, Sée, Enoch-Nocher, etc.

Sous la direction de son fondateur, Gustave Téry, l'*Œuvre*, hebdomadaire, était anti-judéo-maçonnique. Mais, en devenant quotidienne grâce à des capitaux Juifs, elle changea son fusil d'épaule.

Sous l'occupation allemande et sous la direction de l'ancien député Marcel Déat, elle est devenue nationaliste, mais en conservant dans sa rédaction des F∴ de Loge et d'arrière-Loge, ce qui rend sa conversion plus que suspecte.

Sa collaboratrice Geneviève Tabouis est en fuite et déchue de la nationalité française.

OMNIA. Voir PETIT PARISIEN (même maison).

ORAN-MATIN.

Idem.

ORDRE (L').

Directeur : Émile Buré, en fuite et déchu de la nationalité française.
Administrateur : le Juif Ebstein.
Rédacteurs : les Juifs Grunbaum-Géraud (dit Pertinax), également en fuite et déchu, Silberberg (dit Alfred Silbert), Pierre Loewel, etc.
Actionnaires : Juif roumain Heli Popesco, le comte Bertrand d'Aramon, marié à la Juive Suzanne Stern, Sarrus, etc.

OS À MOELLE (L').

Directeur : le Juif Pierre Dac.

PAIX ET DROIT.

Organe de l'Alliance Israélite Universelle.

PARISER HAINT.

Directeur : le Juif Finkelsteln.

PARISER TAGEBLATT.

Fondateur : le Juif Georg Bernhard.
Rédacteurs. : les Juifs Kurt Caro (dit Manuel Humbert) et divers émigrés Juifs allemands.

PARIS-MIDI. Voir PARIS-SOIR (même maison).

PARIS-SOIR.

Principaux actionnaires : Prouvost, filateur, et Béghin, sucrier, deux puissants ploutocrates judéophiles.

Rédacteur en chef : le Juif Pierre Lazareff.

Collaborateurs : les Juifs Herzog (dit André Maurois), Alexis Danan, Jean Allouche, Abraham, Gaston Bénac, Kempf, Lévy-Liévin, Jules Moch, Michel-Georges-Michel, Michel Model, Weisskopf (dit Gombault), Pierre Wolff et le demi-Juif Raoul. De Roussy de Sales (dit Jacques Fransallès) fils de la Juive américaine Miss Rheims.

Sous l'occupation allemande, *Paris-Soir* est devenu un journal anti-judéo-maçon et partisan de la collaboration avec les États totalitaires pour la reconstruction de l'Europe.

Partis (organe des).

Le parti « *Union Prolétarienne* » est dirigé par le Juif Lévy (dit Paul Louis).

Le parti « Union socialiste et républicaine » a pour chef le Juif Hymans.

Le « *Parti Radical et Radical-Socialiste* » a comme secrétaire le Juif Jammy-Schmidt, et son groupe féminin est composé de trois Juives : Mmes Brunschwigg, Schreiber-Crémieux et Kraemer-Bach.

La « *Fédération de la Seine* » a comme délégués : les Juifs René Kahn, André Cahen, Beer, Haas, Horowitz, Albert Hecker, Kayser, Kriskowsky, Lévy, Lévine, Roger Dreyfus, Midlarsky, Morgensterr, Mostorov, Raym-Deutsch, Salomon, Scémania, Schlegel, Simonov, Albert Smolinsky, Marius Ullmann et Wahl.

Pavés de Paris (les).

Directeur : le Juif Emmanuel Berl.

Pêle-mêle.

Éditeurs : les Juifs Offenstadt.

Petit bleu (le).

Commanditaire-propriétaire le banquier Juif Worms, de la « *Maison de Blanc* ». Directeur : le Juif Oulmann.

Petit illustré (le).

Éditeurs : les Juifs Offenstadt.

Petit journal (le).

Directeur : Colonel de la Rocque, dont le biographe attitré est le Juif Grunwald (dit Henri Malherbe). Rédacteur en chef : Barrachin, apparenté aux Juifs Lazare Weiller.

Secrétaire particulier : le Juif Carvalho.

Rédacteurs : le Juif Silberberg (dit Silbert), le demi-Juif Robbe-Cohen, marié à une Juive de la famille Gougenheim.

Commanditaires : les Juifs Schwob (dit d'Héricourt), 3.000 actions, Javal 1.500 actions, Sternberg (dit de Armella) 1.100 actions, etc.

Des partisans du colonel ont soutenu que, malgré la nature de cet état-major, lui, n'était pas personnellement judéophile ; Pourtant, le *Flambeau*, organe de son parti, a publié, dans son numéro du 13 février 1937, un article contenant ces lignes signées de son nom : « *Nos amis israélites sont assurés de notre affection fraternelle... Je fais appel à tous les Israélites. Et Dieu sait si nous en avons de très nombreux et de très chers dans nos rangs* ».

PETIT PARISIEN (LE).

Propriétaire : la Juive Mme Dupuy, née Hélène Braun (dite Gladys est mariée au prince de Polignac. L'un des ascendants de ce dernier, le prince Alphonse de Polignac, épousa, vers 1860, une fille du banquier Juif Mirès. Cette grande famille aristocratique française avait décidément du goût pour l'or Juif.)

Directeur général : le demi-Juif Pierre Dupuy, fils d'Hélène Brown.

Rédacteur en chef : Elie Bois, aujourd'hui en fuite et déchu de la nationalité française.

Secrétaire général : le Juif André Aghion. Rédacteurs : les Juifs Emmanuel Jacob, Loewel, G. Meyer, Charles Morice, Pierre Paraf, ~~André Salmon~~ (7), Sée, Andrée Viollis, Jean Wurmser, etc.

Au groupe du *Petit Parisien* se rattachaient de nombreux périodiques, ainsi que le grand quotidien illustré *Excelsior*.

Tel était, avant la guerre, ce grand organe d'information et de diffusion, le plus répandu des journaux français. En de telles mains, on se rend compte des ravages qu'il a dû exercer dans l'esprit public.

Depuis l'occupation, il a reparu à Paris avec un personnel rédactionnel et administratif moins compromettant. Mais sa direction n'a point changé et son camouflage ne donne le change à personne.

---

7. — *Errata de l'édition original* : page 68 ligne 25 — André Salmon figure à tort dans la liste des collaborateurs juifs du *Petit Parisien*, ancienne formule. André Salmon n'est pas Juif et collabore à divers journaux en zone occupée.

Peuple (le).
Organe syndicaliste.
Directeur : le Juif Francis Million.
Rédacteur en chef : le Juif Maurice Harmel.

Populaire (le).
Organe du Parti marxiste S.F.I.O., de la IIe Internationale.
Directeur : le Juif Léon Blum, ancien et d'une Juive bulgare. Incarcéré pour trahison des de-
Rédacteurs : ,les Juifs Rosenfeld, :Herrmann, Hirsch, Moch, Zyromski, Weil-Reynald, Cohen, Adria, Julius Deutsch, Imré Gyomaï, Schermann, Moati, Nicolitch, Liebermann, Madeleine Paz, Louis Lévy, Kanter Schiff, Schlesser, Hausser, Oppenheim, Modiano, Hertz, Angelo Tasca (dit André Leroux), Hirschowitz, Schwartzentruber, etc.

L'organe du Parti socialiste belge, le *Peuple de Bruxelles*, est composé de la même façon. Rédacteurs : les Juifs Elie Koubo, Kouleseger, Jeseas, Scotinos Lévy, Goldstein : Estelle Goldstein, Isabelle Blum, Pels, Goldzicher, Epstein (dit Vandervelde), Keiffer, Fischer, Schimpfe, etc.

Et voilà les tribus que suivaient aveuglément, avant la guerre de 1939, les travailleurs de France et de Belgique. Quoi d'étonnant que nos deux pays, poussés au massacre, aient été si facilement envahis et occupés par une nation saine, vigoureuse et disciplinée !

Presse libre (la). Voir Petit parisien (même maison).

Regards.
Rédacteurs : les Juifs Nizan et Mossé.

Renaissance (le) ; en russe : Vozrojdénié.
Directeur : le Juif Abram Gukasoff.

République (la).
Directeur : Émile Roche.
Collaborateurs : les Juifs Pierre Paraf, Samy-Béracha, Pfeiffer, Jacques Kayser, Robert Aron, Emmanuel Berl, Bécan, etc.

Revue d'économie politique (la).
Rédacteur en chef : le Juif Édouard Payen.

Revue de Paris (la).
Contrôleurs : les Juifs Calmann-Lévy, alliés aux Rothschild.

Russie d'aujourd'hui (la).
Rédacteurs : les Juifs Bloch et Friedmann.

Sans-dieu (les).
Directeur : le Juif Galpérien (dit Levasseur).

Samedi.
Directeur : le Juif Ephraïm Artzieli.
Collaborateurs : les Juifs Chili Aronso, Ezriel Carlebach Bar Kokhba, Meirovitch, Elie Soffer, Biainsky, etc.

Sciences et voyages.
Éditeurs : les Juifs Offenstadt.

Sept.
Préposé aux rapports franco-allemands : le Juif Brunschwig.
On devine dans quel esprit était rédigée cette rubrique.

Syndicat professionnel des directeurs & édt. de journaux & périodiques (le).
Président-fondateur : le Judéo-Maçon Aristide Quillet
    (L∴ « Les Amis du Peuple (8). »)
Président : le Judéo-Maçon Édouard Engel-Plantagenet
    (L∴ « Locarno » et L∴ « Gœthe. »)
Vice-président : le Judéo-Maçon Émile Berlice
    (L∴ « L'Harmonie sociale. »)
Trésorier : le Judéo-Maçon Marcel Binoist
    (L∴ « La Jérusalem écossaise. »)

Système D.
Éditeurs : les Juifs Offenstadt.

Temps (le).
Conseil d'administration : M. E. Roume, représentant de la banque juive Rothschild, et A. Brun, de la banque juive Adam.
Collaborateurs : les Juifs Grunwald (dit Henri Malherbe), Myriam Harry, Miels, etc.

---

8. — *Note de Lenculus à l'attention du monde profane :* L∴ signifie Loge.

Chef de la publicité : le Juif Robert Bollack.
Rédacteur économique : le Juif Max Hermant.
Correspondant au Caire : le Juif Georges Meyer.
Le plus grand journal politique et financier du soir, exploité en Société anonyme au capital de 1.250.000 francs.

TERRE (LA). Voir HUMANITÉ (même maison).

TERRE PROMISE (LA), de Strasbourg.
Rédaction exclusivement juive.

TERRE RETROUVÉE (LA).
Rédaction exclusivement juive.

TUNIS SOCIALISTE.
Rédacteur en chef : le Juif Cohen Hadria.

UNIVERS ISRAÉLITE.
Rédaction exclusivement juive.

VENDÉMIAIRE.
Rédacteurs : les Juifs Emmanuel Berl, Robert Aron, etc.

VENDREDI.
Rédacteurs : les Juifs Abraham, Julien Benda, Bloch, Lévy, Jean Cassou, Paz, Soria, Kayser, Viollis, Wurmser et Ullmann.

VOIE NOUVELLE (LA).
Rédaction entièrement juive.

VOLONTAIRES (LES).
Rédacteurs : les Juifs Mossé, Pierre Seize, Julien Benda, Jean Cassou, Berl, Brecht, etc.

VU.
Directeur : le Juif Vogel.
Rédacteurs : les Juifs Jacob, Káyser, Lecache, etc.

Quoique incomplète, la liste qui précède est édifiante.

On y voit que les plus grands quotidiens, comme les plus importants périodiques, n'échappent pas à l'influence juive.

Mais de ce que certains journaux ne comptent dans leur sein aucun descendant de Jacob, il ne s'ensuit pas qu'ils échappent à la mainmise d'Israël.

Ils la subissent indirectement par le canal des agences d'information et de publicité et des Messageries Hachette dont nous avons vu plus haut le savant mécanisme, ainsi que par l'intermédiaire des ministères, des banques et des trusts économiques dont il leur faut, à moins de sombrer accepter les directives.

Si bien que l'on peut affirmer que la presse française tout entière, aussi bien celle de province et des colonies que celle de Paris, est placée sous la coupe de la Juiverie.

Nous verrons plus loin comment cette dernière, qui soutient si généreusement, avec l'argent soustrait à ses dupes ou à l'ensemble des contribuables, les organes qui lui sont soumis, sait briser ceux qui lui résistent.

Mais hâtons-nous de dire qu'il ne faut pas croire que cet asservissement de la presse aux intérêts de la race élue soit particulier à notre pays.

Il en est de même dans les autres démocraties capitalistes et ploutocratiques, notamment chez nos ex-alliés d'Outre-Manche.

Le périodique anti-judéo-maçonnique *Le Grand Occident*, que je dirigeais avant la guerre actuelle, a publié, dans son numéro de février 1939, le filet suivant :

> ## « *La presse anglaise enjuivée*
>
> « *Pour comprendre l'attitude de la Grande-Bretagne envers l'Italie, notamment à l'époque des sanctions genevoises où le bel Antony Eden parlait de l'asphyxier ; pour s'expliquer la sourde hostilité que rencontre dans certaines sphères d'Outre-Manche l'accord anglo-italien, il suffit de jeter un coup d'œil sur la liste des propriétaires des journaux anglais.*
>
> « *Le* Daily Telegraph *appartient à Lord Burnham. Il est le chef de la famille Fawson, dont le vrai nom est Lévi. Lorsque le père de lord Burnham arriva en Angleterre avec l'intention de*

s'y fixer, il s'appelait Jean-Moïse Lévi. Le neveu, Harry Fawson, est administrateur du journal. On rappelle volontiers, au cercle des journalistes de Londres, que les murs des bureaux du Daily Telegraph sont tapissés d'images turques.

« Le directeur du Daily Express est M. Blumendal. Le rédacteur en chef, pour la politique étrangère, du Daily News est M. Théodore Kothstein. Le directeur du Graphic et du Daily Graphic est M. Lucien Wolf. Tous ces messieurs sont Juifs.

« Sir Alfred Mond, un Juif riche et influent, membre du Parlement, est propriétaire de la Westminster Gazette.

« Le Standard était accompagné du Pearson lorsqu'il entreprit une série d'articles contre l'émigration juive en Angleterre. Alors certaines personnalités augurèrent que le Standard serait bientôt contraint de se taire. En effet, après quelques mois, il tombait dans les mains d'un M. Dalziel.

« Derrière tous ces journaux, on découvre le Juif sir Ernest Cassel et sa banque.

« Quant à l'Agence Reuter elle ne fait qu'une avec l'Agence Havas. C'est tout dire...

« On voit que la presse anglaise, comme la nôtre, et comme d'ailleurs celle des États-Unis, est entre les mains d'Israël.

« Comment s'étonner, dès lors, que la politique des fameuses « grandes Démocraties » soit en réalité celle des Juifs et que nous ayons si facilement emboîté le pas à l'Angleterre dans son absurde et criminelle tentative de croisade contre l'Allemagne hitlérienne ? »

LE SCANDALE DU « PANAMA »

Cette affaire du Panama nous fournit l'exemple le plus frappant de la corruption de la Presse par la Juiverie.

À la vérité, dans cette vaste escroquerie qui ne put réussir que grâce au concours grassement rétribué des plus grands journaux, il n'y eut pas que des Juifs. Il y eut aussi d'authentiques aryens et, à leur tête, un Français qui portait un nom illustre, Ferdinand de Lesseps, le perceur de l'isthme de Suez.

Mais ce qu'on peut affirmer, après une étude attentive du dossier, c'est que ce sont bien quatre Juifs qui eurent l'idée et se chargèrent de soudoyer non seulement la Presse, mais aussi nombre de parlementaires et certains membres du gouvernement.

Ils se nommaient Gustave Eiffel, le constructeur de la tour du Champ-de-Mars ; le baron Jacques de Reinach, oncle de Joseph Reinach, directeur de la *République française* ; le docteur Cornélius Herz, commanditaire de la Justice de Clemenceau, et le financier cosmopolite Arton.

Voici de quoi il s'agissait.

Ayant mené à bien le percement du canal entre la Méditerranée et la mer Rouge, Ferdinand de Lesseps, grisé par la popularité que lui valut son succès, voulut faire mieux encore, il rêva de relier l'Atlantique au Pacifique par un canal percé à travers l'isthme marécageux, brûlant et insalubre de Panama.

Pour cela, il fallait des sommes considérables. On les demanderait au public français.

Ici, laissons la parole à M. Alexandre Zévaès, auteur de l'*Histoire de la IIIe République* :

« *Pour émettre les valeurs à lots nécessaires à l'entreprise du canal de Panama, l'intervention des pouvoirs publics était nécessaire : il fallait une loi. Un financier, le baron de Reinach, oncle de Joseph Reinach, se fit fort de l'obtenir à l'aide de ses nombreuses relations politiques et grâce à certaines pratiques.*

« *Il demanda à la Société du Panama 5 millions dont il ne devrait compte à personne. Cette somme lui parut d'abord suffisante pour sa commission personnelle et pour l'acquisition au Parlement -de certaines consciences chancelantes qui ne sauraient résister à la tentation,*

« *Un livret de chèques fut par lui confié à un intermédiaire nommé Arton, lequel devait « travailler » dans les couloirs du Palais-Bourbon et « faire le nécessaire ».*

« *Trois millions furent ainsi répartis entre 150 membres du Parlement, parmi lesquels un petit nombre de sénateurs. Mais les appétits grandirent, devinrent énormes. Le financier sollicita des versements complémentaires.*

« *Peu à peu la vérité se fait jour sur ces tripotages. On apprend que Barbe, ancien ministre, a exigé 400.000 francs ; que le député Sans-Leray a reçu 200.000 francs ; que le gouvernement a réclamé 500.000 francs pour l'acquisition patriotique d'un grand journal à l'étranger ; que Floquet, ministre de l'Intérieur, a touché 300.000 francs pour des journaux amis.* »

Floquet, qui avait d'abord nié, reconnut ensuite avoir reçu cette somme pour pouvoir « faire face aux adversaires de la République. »

De même, le ministre Rouvier avoua avoir touché un demi-million. Il s'en vanta même, criant cyniquement à ses accusateurs :

« *Si je n'avais pas eu ces fonds pour soutenir votre élection, vous ne seriez pas aujourd'hui sur « ces bancs ! »*

Quant à la Presse, elle eut la plus belle part du gâteau.

D'après le rapport remis au Procureur, en juin 1892, par le conseiller Prinet et l'expert Flory, les journaux avaient reçu, dans une seule distribution, la coquette somme de 24 millions, distribués directement par la Société de Panama ou par les soins des agences de presse.

Citons parmi les heureux bénéficiaires de cette distribution :

– Le *Figaro*, 500.000 francs. Ses principaux collaborateurs Francis Magnard, Périvier et de Rodays, chacun à chaque émission 10.000 francs.

– Le *Petit Journal*, 300.000 francs.

– Le *Télégraphe*, 120.000 francs. Son directeur Jeziersky, également 120.000 francs.

– Le *Gaulois* (directeur Arthur Meyer) 213.000 francs.

– La *Lanterne* (directeur. Eugène Meyer), 203.000 francs.

– L'*Echo de Paris* (directeurs Valentin et Victor Simond), 100.000 francs.

– Le *Radical*, 100.000 francs.

– Le *Paris* (directeur Edmond Magnier, sénateur), 80.000 francs.

– Le *Journal des Débats* (directeur Patinot), 40.000 francs.

– Le *Temps*, lui, enleva le plus gros morceau avec les 1.600.000 francs attribués à son directeur Adrien Hébrard, sénateur.

Inutile d'allonger cette liste qu'on peut trouver complète dans le rapport, fait par le député Bienvenu-Martin, au nom de la Commission chargée d'examiner la demande de poursuites contre quelques-uns des parlementaires corrompus.

Donnons seulement l'extrait suivant de ce rapport :

> « *La presse a eu dans l'affaire de Panama une action considérable. Par l'appui persévérant qu'elle a donné à la Compagnie jusqu'à sa chute, elle a été un des principaux facteurs de son crédit, et l'on peut dire que, si l'épargne française a subi dans ce désastre sans précédent une aussi grave atteinte, cela tient pour une grande Part à ce qu'elle n'a pas su résister aux sollicitations des journaux qui entretenaient sa confiance dans l'avenir de l'entreprise...*
>
> « *Des journaux en renom, incapables de renoncer à l'appât d'un trop gros pourboire, ne dédaignaient pas de se laisser enrôler au service de la compagnie.* »

Dans la *Revue des Deux Mondes*, du 15 avril 1894, l'éminent économiste Paul Leroy-Beaulieu a repris, plus énergiquement encore, cette juste flétrissure :

> « *Entre toutes les vilenies de l'affaire de Panama, le rôle de la presse a peut-être été le plus honteux ; et que cette complicité de la presse, d'autant plus pernicieuse qu'elle se reproduit à chaque occasion, on s'est tu dans tous les camps, les journaux quotidiens de toute couleur étant intéressés au silence.* »

Nous ne nous chargeons pas de départager les responsabilités entre les coupables.

Ce qui nous intéresse surtout ici, c'est la constatation que cette colossale affaire de corruption de la Presse a été imaginée, montée de toutes pièces et réalisée par un quadrige d'Hébreux de la plus belle eau.

L'ingénieur Eiffel, d'abord, qui était directement intéressé à la réussite de l'entreprise dont il assurait toutes les fournitures métalliques.

Le baron Jacques de Reinach, ensuite, qui avait mis ses relations parlementaires au service de l'œuvre de corruption et qui en était en quelque sorte le trésorier-général.

Le docteur Cornélius Herz, en troisième lieu, lequel, grand-officier de la Légion d'honneur et ancien commanditaire de Clemenceau, jouissait d'une grande influence dans tous les milieux parisiens.

Enfin, Arton, l'homme de finance Arton, chargé d'effeuiller au mieux le carnet de chèques que lui avait remis Reinach.

Ce sont ces quatre circoncis de marque qu'il faut tenir pour les véritables fauteurs de la rafle opérée sur l'épargne française pour le percement du fameux canal, et qui ne se monta pas à moins dei milliard 300 millions-or, totalement engloutis.

Ce qui nous permet de dire que le scandale de l'affaire du Panama est un pur scandale Juif.

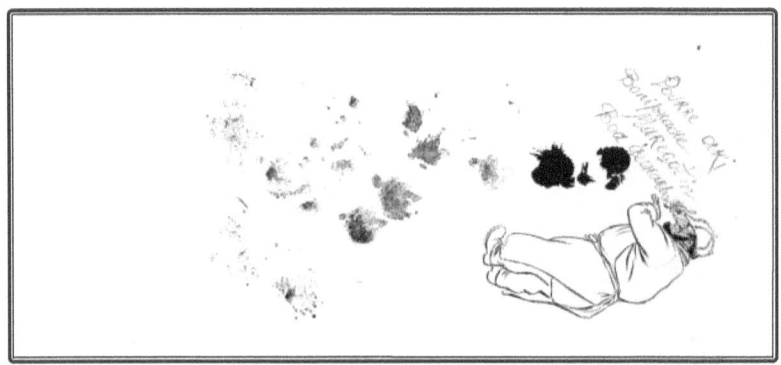

FIG. 8

Caran d'Âche — Les chéquiers

Le chèque obsession ; l'art de donner le chèque...

L'ÉTRANGLEMENT DU « *QUOTIDIEN* »

En 1923, un administrateur du *Petit Parisien*, M. Henri Dumay, se séparait de ce journal pour fonder le *Quotidien*, qu'il annonçait comme devant être le champion de l'honnêteté française contre les mœurs corrompues de la presse.

Dans son programme de lancement, ce nouvel organe disait :

« *Le* Quotidien *demeurera, nous en prenons le solennel engagement, dans une indépendance totale à l'égard des gouvernements, des partis, des groupes, des puissances économiques et financières...*

« *Le* Quotidien *ne se contentera pas d'être lui-même libre et propre. Il a l'ambition d'imposer la propreté aux autres journaux. Il réclamera les moyens légaux de contrôler publiquement la finance de la presse... Assainir la presse, c'est assainir le pays.* »

Après les scandales politico-financiers qui avaient ému l'opinion publique, une telle œuvre de régénération, annoncée à grand orchestre, apparaissait tout à fait sympathique et séduisante.

Aussi plus de 60.000 souscripteurs, recrutés principalement dans les professions libérales, et parmi les fonctionnaires — professeurs, instituteurs, employés des services publics, etc. — apportèrent-ils à Dumay le joli capital de 22 millions.

Mais cette brillante médaille eut un revers. Quand le *Quotidien* parut, il se trouva aussitôt en hutte au boycottage organisé, pour la vente, par le Consortium des « Cinq Grands » et, pour la publicité, par l'Agence juive Havas.

Le 23 juillet 1923, il poussait ce cri de détresse :

> « *Le Consortium des cinq grands journaux de Paris mène contre nous une campagne dont il devra répondre devant les Tribunaux, et même devant le Parlement, mais qui ne laisse pas d'avoir des résultats sur lesquels nous voulons appeler sans retard l'attention publique.*
>
> « *On intimide les marchands de journaux ; on les menace ; on leur interdit de vendre le* Quotidien, *sous peine de se voir retirer la vente du* Journal, *du* Matin, Petit Journal, *du* Petit Parisien *et de l'*Echo de Paris.
>
> « *Cette concurrence déloyale, ce boycottage frauduleux, ces procédés de malfaiteurs tombent sous le coup de la loi et nous donnent droit à des réparations que nous réclamerons à la justice*
>
> « *Mais le consortium est riche. Il peut payer. D'autre part la justice est lente.* »

Ce boycottage n'était pas la seule calamité qui s'abattait sur le nouveau venu qui prétendait faire renoncer ses puissants aînés aux bénéfices de la vénalité.

Les. « Cinq Grands » n'eurent pas de peine à obtenir, pour leur entreprise d'étranglement, le concours de cette formidable agence, juive par ses origines et par son capital social, qui se nomme l'Agence Havas.

Celle-ci, grande distributrice à la presse des budgets de publicité commerciale, industrielle et financière qui la font vivre, raya le *Quotidien* de la liste de ses clients et ne lui fournit plus la moindre annonce.

C'était un rude coup pour le journal épurateur et rénovateur de M. Dumay.

Mais son succès initial avait été si considérable et ses progrès si rapides, qu'il put tenir tant bien que mal quelques années.

Vint cependant un jour où, ses dépenses somptuaires aidant, l'argent de ses actionnaires fut sur le point d'être épuisé.

Ne voulant pas s'avouer vaincu, Dumay, oubliant ses serments d'indépendance, se tourna vers les grandes congrégations économiques (gaz, électricité, transports, assurances, etc.) et obtint d'elles de secourables et substantielles subventions.

Ce fut le signal de la débandade de sa rédaction.

Dès qu'ils apprirent la provenance de ces fonds de sauvetage, les politiciens F∴ M∴ Aulard, Brisson, Bayet et autres qui composaient son état-major, crièrent bien haut à la trahison et démissionnèrent théâtralement, entraînant à leur suite d'autres collaborateurs.

Dès lors, le *Quotidien* périclita de jour en jour, si bien que Dumay, en désespoir de cause, finit par affermer son bulletin financier, moyennant 165.000 francs par mois, à la *Gazette du franc*, de la. Juive Hanau.

Un peu plus tard, lorsque celle-ci fut arrêtée, il vendit son paquet d'actions personnelles au parlementaire Hennessy, qui se servit du *Quotidien* agonisant pour réaliser ses rêves ambitieux, devenir ministre, ambassadeur, puis chef des « légions socialistes-nationalistes » qui devaient le porter à la dictature.

Ainsi finit, dans la boue et le ridicule, ce présomptueux journal qui s'était donné pour mission d'assainir et de purifier les mœurs de la presse.

Les « Cinq Grands » enjuivés et l'Agence Havas juive avaient bien travaillé.

FIG. 9

FRANÇOIS COTY

Empereur de la presse et de la parfumerie

Pourquoi pas ? n° 757 du 1er février 1929 p. de couv.

MORT À « *L'AMI DU PEUPLE* »

Avec François Coty et ses deux grands quotidiens, le *Figaro* et *L'Ami du Peuple*, nous avons à nous occuper d'une personnalité de plus d'envergure que Dumay et de journaux autrement importants que le *Quotidien*.

Ils n'en furent pas moins victimes de la même coalition jalouse et implacable, derrière laquelle se profile l'ombre à la fois sinistre et sordide du Moloch contemporain.

C'est en 1922 que le richissime parfumeur, déjà désireux de jouer un rôle politique, s'appropria le *Figaro* où, à la grande satisfaction des abonnés, il rappela quelques-uns de ses plus brillants rédacteurs, comme Alfred Capus et Robert de Flers.

Mais ce n'est qu'en 1927 qu'il laissa poindre sa pensée ambitieuse et son esprit combatif en créant un quotidien populaire à 10 centimes : *L'Ami du Peuple*.

Il savait quels obstacles allaient se dresser devant lui et quelles luttes il allait lui falloir soutenir.

Mais, résolu à tout, même à sacrifier sa fortune entière, pour faire triompher des idées qu'il estimait être de salut public, il accepta délibérément le combat.

Son premier soin fut de s'adjoindre, comme secrétaire particulier, comme collaborateur intime et anonyme un polémiste qui avait fait ses preuves et qui devint en quelque sorte son Éminence Grise : notre excellent camarade Urbain Gohier.

Celui-ci, après avoir cru devoir, pendant l'affaire Dreyfus, faire chorus avec toute la Juiverie internationale pour sauver un de ses congénères condamné pour trahison, fit amende honorable et mena contre Israël une campagne farouche qui lui ferma les portes de toute la presse enjuivée.

Le fait d'avoir recueilli ce redoutable paria du journalisme n'apaisa point, on le conçoit, les colères soulevées dans certains milieux, par la fondation d'un grand quotidien à 10 centimes, alors que les autres se vendaient 0 fr. 25.

Les mercantis du papier imprimé ne virent là qu'une chose : une dangereuse concurrence commerciale, appuyée d'un nombre respectable de millions.

Aussi, le fameux Consortium des « Cinq Grands », craignant que l'*Ami du Peuple* n'enlevât à ses membres une grosse partie de leur clientèle, prit-il immédiatement des mesures de soi-disant protection, qui étaient en réalité des mesures d'agression, n'importe quel producteur étant moralement libre de vendre ses produits au-dessous des prix courants, fût-ce à perte.

Il s'entendit, comme pour le *Quotidien*, avec l'Agence Havas qui refusa de traiter avec l'*Ami du Peuple* pour sa publicité et qui alla même jusqu'à menacer ses propres clients d'une rupture de contrat ; s'ils passaient directement un seul ordre à ce journal.

Il fit mieux encore. Il décida les Messageries Hachette à refuser de distribuer la « presse Coty [9]. »

Celui-ci ne s'émeut pas outre mesure.

---

9. — On englobait sous cette appellation l'ensemble des publications fondées ou soutenues par François Coty, et qui comprenaient, outre le *Figaro* et les deux *Ami du Peuple*, du matin et du soir, de nombreux périodiques comme le *Coup de patte*, le *Salut public*, le *Coq*, l'*Autorité*, la *Nouvelle Aurore*, les *Étincelles*, la *Solidarité française*, etc.

A coups d'immenses affiches placardées dans toute la France, il dénonça les procédés despotiques de ses adversaires et n'eut pas de peine à mettre l'opinion de son côté.

Par ailleurs, il créa des Messageries particulières et embaucha de nombreuses équipes de dépositaires ambulants, de porteurs et de camelots.

Si bien que la sympathie du public aidant, le tirage de l'*Ami du Peuple* monta de plus en plus et finit par atteindre près d'un million d'exemplaires.

En même temps, Coty poursuivait les Messageries Hachette devant le Tribunal de commerce et les faisait condamner, après de longs débats, à de forts dommages-intérêts.

Cette résistance et cette contre-attaque victorieuse exaspérèrent les cinq feuilles et les deux agences enjuivées qui avaient juré sa perte.

Alors on le fit attaquer dans ses affaires de parfumerie qui étaient toujours très prospères, et, pour l'atteindre jusque dans sa vie privée, on fit pénétrer dans son foyer des éléments de désagrégation et de rupture.

Comme on reconnaît bien là le vil esprit d'intrigue de cette race qui ne recule devant aucune ignominie pour abattre ceux qui la combattent loyalement, à visage découvert !

Car Coty n'était pas seulement coupable de concurrencer de grands journaux tout dévoués à Israël.

Il l'était aussi, et surtout, de dénoncer les ténébreux agissements de l'Anti-France et de faire une guerre sans merci à la Judéo-Ploutocratie internationale.

Il avait révélé bien des dessous de la politique mondiale du grand Kahal et pris à partie maintes personnalités chères à Jéhovah.

Il avait, entre autres, assez vivement secoué le Juif Horace Finaly, grand manitou de l'Agence Havas et des Messageries Hachette. Et cela explique l'acharnement de ces deux maisons à poursuivre sa ruine.

Finaly n'était-il pas aussi directeur de la Banque de Paris et des Pays-Bas, que l'*Ami du Peuple* avait ainsi qualifié :

« *Une banque trop puissante dans un État trop faible* » ?

Bref, la lutte se poursuivit jusqu'en 1932, tantôt sourde, tantôt tumultueuse, mais toujours, intense, enragée.

Elle eût duré plus longtemps encore sans un concours de circonstances qui, à cette date, finit par avoir raison de la courageuse ténacité de François Coty,

D'abord, un jugement de divorce le dépouilla de la moitié de sa fortune au profit de son ex-épouse.

Puis, une trahison administrative, suivie d'une extorsion de titres du *Figaro*, l'obligea de quitter ce journal.

Enfin, ne pouvant plus alimenter la trésorerie de l'*Ami du Peuple*, celui-ci fut mis en liquidation judiciaire, puis en adjudication, et ce fut l'Agence Havas qui, moyennant la somme de 3 millions 250.000 francs (frais en sus), en prit le contrôle.

Depuis, la direction des deux journaux changea plusieurs fois de mains.

Mais, — et c'est ici qu'il faut goûter la savoureuse ironie du destin, — le *Figaro* finit par devenir la propriété d'un Juif roumain du nom de Cotnaréanu, avec qui la femme divorcée de Coty s'était remariée, et l'*Ami du Peuple* tomba sous la coupe de Jéroboam Rothschild, dit Georges Mandel, aujourd'hui justiciable de la Cour de Riom.

Une fois de plus, la puissance d'Israël avait eu raison du bon droit aryen.

LA PRESSE ENJUIVÉE ET LA GUERRE

C'est quelques années avant la guerre que la Juiverie internationale, exaspérée par l'arrivée au pouvoir du parti national-socialiste et par les premières mesures d'épuration raciste prises par Hitler, résolut de déclarer à l'Allemagne nouvelle une guerre sans merci.

Rassemblée comme aux grands jours, par le Kahal suprême de New-York, elle vota à l'unanimité une motion belliqueuse que le grand quotidien anglais le *Daily Express*, dont le directeur était Blumendal, fut chargé de porter à la connaissance de tous les adorateurs d'Adonaï.

C'est le 24 mars 1933 que ce journal publia le texte de cette déclaration de guerre, dont voici la traduction exacte :

« *Le peuple israélite du monde entier déclare à l'Allemagne la guerre économique et financière.*

« *L'apparition du symbole de la croix gammée de la nouvelle Allemagne a réveillé à une nouvelle vie le vieux symbole de bataille de Juda.*

« *Quatorze millions de Juifs se sont réunis comme un seul homme pour déclarer la guerre à l'Allemagne.*

« *Le gros négociant Juif abandonnera sa maison, le banquier sa Bourse, le marchand son magasin et le mendiant sa hutte misérable pour se dresser ensemble et pour combattre dans une guerre sainte contre les gens de Hitler.* »

Voilà un document qui devrait mettre fin à toute controverse sur la véritable origine de la guerre actuelle.

Il ne s'agit pas, en effet, de l'appel isolé d'un Juif ou d'un groupe Juif échauffé, mais de l'appel délibéré, officiel, de la plus haute représentation de la communauté juive mondiale.

Quelques semaines plus tard, le principal magazine Juif des États-Unis, l'*American Hebrew*, reprenait cette déclaration de guerre et la commentait sur le mode lyrique :

« *Hitler chevauche une vague, il va y sombrer, Il a oublié, dans l'exemple des Pharaons, le sort de ceux qui persécutent le peuple élu. Ce peuple se lève toujours pour mordre au talon ceux qui veulent marcher sur lui.* »

Et, après avoir rappelé que les trois ministres Juifs Léon Blum, Litvinoff et Hore-Belisha avaient été poussés au pouvoir, pour servir en France, en Angleterre et en Russie, les intérêts d'Israël, l'*American Hebrew* terminait ainsi :

« *Il est donc certain que ces trois nations se tiendront coude à coude dans une virtuelle alliance contre Hitler. Quand la fumée de la bataille tombera, quand les canons se seront tus et quand les obus auront fini d'exploser, alors le trio des non-aryens (Blum, Litvinoff et Belisha) entonnera un* Requiem *qui sonnera curieusement comme un mélange de* Marseillaise, *de* God Save the King *et d'*Internationale, *se terminant dans une grande finale qui rappellera le cri, de guerre de notre race :* Eili ! Eili ! »

Bientôt, l'Alliance Israélite Universelle, cette grande société secrète qui prétend ne s'occuper que d'œuvres charitables et de culture spirituelle, entrait en scène à son tour, et le délégué de sa section française lançait celte proclamation reproduite dans *Ordnung in der Judenfrage*, livre retentissant de l'ancien ministre autrichien Czermak :

« *La patience de tous les Juifs du monde est à bout... Ne vous faites aucune illusion : bientôt nous en aurons fini avec l'Allemagne, ce peuple infâme, idiot, bestial et vulgaire. Ce peuple germano-aryen doit disparaître de la scène du monde.* »

Ainsi fut décrétée, contre l'Allemagne hitlérienne, la mobilisation générale du monde Juif et de tous les organes de diffusion et de propagande à son service.

Alors commencèrent, dans la presse, à la radio, au cinéma, dans les salons, au Parlement, dans les milieux diplomatiques, dans les syndicats de fonctionnaires et d'ouvriers, bref partout où la Juiverie était souveraine ou avait pris pied, ces campagnes de fausses nouvelles, d'insinuations perfides, de mensonges et de provocations tendant à représenter le Führer comme un ambitieux sans cœur et sans scrupules, altéré de sang et de conquêtes, et se jetant gloutonnement sur les petits peuples sans défense, en attendant d'être suffisamment fort pour s'attaquer aux « grandes Démocraties ».

Les libertés de l'Europe, si chèrement conquises, étaient en péril, d'après Israël et ses valets. Il faillait que la France de Léon Blum, l'Angleterre de Hore-Belisha et la Russie de Litvinoff s'unissent pour abattre ce Tamerlan moderne, si elles ne voulaient pas être dévorées par lui.

En même temps, le véritable visage de la nouvelle Allemagne était soigneusement caché aux populations.

Défense aux agences d'information et aux journaux gavés de l'or des Douze Tribus, de faire connaître le prodigieux redressement matériel et moral dû à son labeur acharné, à son esprit de sacrifice et à sa discipline.

Défense de parler de ses sympathies pour notre pays, de son vif désir de rapprochement franco-germanique et des tentatives répétées de son chef pour amorcer avec nous la signature d'un traité de réconciliation définitive et de paix.

En vain le chancelier du Reich affirma-t-il à plusieurs reprises qu'il n'avait aucune revendication territoriale à formuler de notre côté, et que, rien par conséquent ne s'opposait à la conclusion d'une bonne et durable entente entre nous.

Conseillés par l'Angleterre, nos dirigeants ne répondirent même pas à ces propositions.

Le mot d'ordre de la Juiverie était religieusement suivi.

Pas de bonnes relations avec l'Allemagne !

La guerre

La guerre de représailles et d'anéantissement !

Et toutes les Excellences de Ghetto, les Léon Blum, les Jean Zay et les Georges Mandel ; tous les valets de plume du Kahal, les Kerillis, les Péri, les Tabouis et les Buré, rivalisèrent si bien de zèle avec leurs collègues et leurs confrères britanniques, que Chamberlain et Daladier, ne réussissant pas à faire jouer à Hitler le rôle d'agresseur, se résignèrent, sous les coups de fouet de leurs maîtres talmudiques, à la lui déclarer eux-mêmes, cette guerre.

Mal leur en a pris, car, au train dont vont les choses, il y a tout lieu d'augurer que, si durement que nous puissions expier notre propre faute, ce sont encore les Juifs et les Anglais qui paieront le plus cher les pots cassés.

SIR BAZIL ZAHAROFF

Il semble donc démontré qu'une formidable campagne de presse, savamment organisée et puissamment financée, est à l'origine des événements qui, depuis septembre 1939, bouleversent l'Europe et tiennent en haleine le reste du monde.

Cette abominable campagne, dont les journaux judéo-anglo-saxons ont donné le signal, s'est étendue à tous les pays de régime parlementaire et pseudo-démocratique qu'Israël entendait soulever, dans un but de vengeance personnelle, contre l'axe Berlin-Rome.

Elle prit, dans les grands organes d'information, la forme sournoise du mensonge, de la calomnie, des nouvelles fausses ou déformées, et enfin du silence sur certains faits qu'il fallait tenir cachés.

Dans les organes d'opinion et de combat, elle prit la forme agressive de l'excitation et de la provocation.

C'est ainsi que l'on vit, en France, des feuilles, qui jusque-là s'étaient combattues, fraterniser dans le concert belliciste coûteusement orchestré par les grands maestros de la race élue.

C'est ainsi que l'on vit l'*Époque*, du conservateur Henri de Kerillis, faire chorus contre l'accord de Munich avec l'*Œuvre* du radical-socialiste Jean Piot, l'Ordre de l'exbriandiste Émile Buré, le *Populaire*, l'*Humanité*, *Ce Soir*, le *Droit de Vivre*, etc. ... Et réclamer avec eux la guerre fraîche et joyeuse contre l'Allemagne hitlérienne, flanquée de l'Italie mussolinienne.

Il est infiniment regrettable qu'aussitôt après l'armistice, le nouveau gouvernement de la France n'ait pas fait pratiquer des perquisitions et des saisies à l'Alliance Israélite Universelle, dans les Consistoires, dans les Loges maçonniques, dans les grandes banques juives, ainsi que chez les principaux chefs, administrateurs et meneurs de ces divers organismes.

On eût certainement trouvé là la preuve du criminel complot ourdi contre la paix et la trace des sommes considérables qui l'ont alimenté.

A défaut de cette documentation, nous en sommes réduits à des informations incomplètes, provenant de différentes sources, mais qui, confirmées par certains recoupements, suffisent à éclairer les gens de bonne foi.

Par exemple, le 23 décembre dernier, *Paris-Soir* publiait, sous la signature Jean Routhier, un article où, parlant de l'ex-directeur de l'*Époque*, il disait :

« *Un de ses premiers gros souscripteurs fut Bazil Zaharoff qui, à périodes régulières, tenait toujours prêtes, à l'adresse de Kerillis, dans son hôtel fleuri de l'avenue Hoche, d'épaisses pochettes conçues pour recevoir des liasses. Quel but visait alors le mystérieux vieil homme, dont personne n'a jamais su déceler au juste ni la nationalité, ni l'origine, ni l'inquiétant emploi de ses centaines de millions ?*

« *Les exemples de la fourberie de Kerillis ne manquent pas. En voici un, et de taille. Le 7 octobre 1938, l'accord de Munich était signé. Le lendemain, M. Osusky, ambassadeur de Tchécoslovaquie à Paris, remettait à M. Paul Reynaud, alors ministre des Finances et ami de longue date de Kerillis, une somme de 400.000 frs, premier versement sur un total d'un million, avec prière de la faire parvenir au directeur de l'Epoque. M. Paul Reynaud chargea son directeur de cabinet, M. Palewki de transmettre le plus directement possible cette subvention au bénéficiaire.* »

Or, ce M. Osusky était un ami intime et un commensal assidu du Bazil Zaharoff qui remettait régulièrement, en son hôtel de l'avenue Hoche, de copieuses enveloppes à M. De Kerillis.

Pourquoi cette prodigalité ? Quels services payait-elle ? On s'en rendra compte quand nous aurons présenté l'énigmatique personnage qu'on a surnommé successivement «l'Homme mystérieux de l'Europe», «le Magnat de la mort subite» et «le Roi des mitrailleuses.»

Cet étrange et fastueux individu, que nous avons vu plus haut commanditer la fondation de l'Agence Radio, ce Zacharias Bazileios Zaharoff était né le 6 octobre 1849, dans une bourgade d'Asie Mineure, Moughla ou Mouchliou.

Dans une étude qu'il lui a consacrée, M. Xavier de Hautecloque disait de lui :

> *« Il y a cinquante-six ans, il comparaissait à Londres devant le tribunal d'Old Balley, sous l'inculpation d'escroquerie et d'abus de confiance. Il n'avait alors ni sou ni maille, ni protections, ni savoir et il n'avait plus même une patrie. Il est aujourd'hui grand-croix de la Légion d'honneur française, grand-croix de l'Ordre du Bain et membre de l'Ordre de l'Empire britannique (les deux plus hautes distinctions anglaises). Il possède plusieurs milliards qu'il savoure en paix dans sa principauté de Monte-Carlo. »*

Comment ce Zaharoff, qui avait été élevé par charité dans une école de Tatavla, faubourg grec de Constantinople où s'était réfugiée sa famille, et qui avait été ensuite commis, pompier, guide pour les touristes, a-t-il pu ainsi s'enrichir et se faire couvrir d'honneurs ? Comment a-t-il pu arriver à traiter d'égal à égal avec les plus illustres hommes politiques d'Europe comme Lloyd George, Venizâlos, Bénès, et à épouser une princesse de Bourbon, duchesse de Marchena, de Villafranca et los Caballeros ?

C'est là une de ces destinées qui tiennent du fantastique et qui ne peuvent s'expliquer que par l'intervention des forces inconnues, mais toutes puissantes, qui mènent le monde, et dont les ministres Juifs Disraeli et Rathenau ont publiquement reconnu l'existence et l'influence occulte.

Toujours est-il qu'après un premier séjour à Londres, où il avait vécu de divers petits métiers, Zaharoff, de retour en Grèce, devint représentant général dans les Balkans d'une grosse fabrique d'armements anglaise, la *Société Nordenfeldt* (artillerie lourde, et de campagne, munitions de tous calibres, sous-marins, etc.) C'était en 1877.

A vingt-huit ans, il avait trouvé sa voie ! Et quelle rapidité dans sa vertigineuse ascension !

Devenu l'associé de son patron Nordenfeldt, ne tarda pas à s'adjoindre Hiram Maxim, l'inventeur de la mitrailleuse, puis à absorber la puissante compagnie Vickers qui avait le monopole de la fourniture d'armes et de munitions pour la guerre du Transvaal.

Ensuite, ce fut le tour de la Société des torpilles *Whitehead*, de la fabrique de mitrailleuses *Beardmore* et du formidable trust Armstrong, de tomber sous sa coupe.

Si bien que, à la veille de la guerre de 1914-1918, Sir Bazil Zaharoff, anobli depuis longtemps par la reine Victoria, se trouvait à la tête des 10 plus importantes Sociétés d'armements françaises, allemandes, rosses et anglaises, représentant ensemble une dizaine de Milliards de capital.

Rien que pendant la guerre, d'après M. Lewinson dans son livre *Zaharoff, l'Européen mystérieux* :

> « *La seule Maison Vickers, du groupe anglais Zaharoff, dut réaliser, à dire d'expert, un chiffre d'affaires supérieur à* TRENTE MILLIARDS. »

Que de « morts subites » sur tous les champs de bataille d'Europe, d'Afrique et d'Asie, à inscrire au compte de cette frénétique fabrication d'engins de guerre !

Et que de pots-de-vin, de fonds plus ou moins secrets ont dû être distribués, dans le monde de la politique et de la presse, par le créateur et le bénéficiaire de toutes ces entreprises de carnage !

Le financement des Agences d'information et des journaux de toute nature fut, pour le sur-Juif Zaharoff, l'un de ses principaux moyens de réussite.

C'est grâce à ses largesses que furent créés certains groupements de presse comme la *Société des Quotidiens illustrés*, et lancés plusieurs journaux comme *Excelsior*.

Le *Temps* a estimé à 50 millions le chiffre de ses versements à la presse des Alliés, de 1914 à 1918 seulement.

Il occupe donc une place de premier rang dans la liste des grands corrupteurs de la mentalité publique.

Et c'est à ce titre que nous avons cru devoir insister sur l'étourdissante carrière de ce Juif d'Orient, qui dépasse de cent coudées les Péreire, les Mirès, les Millaud et les Cornélius Herz que nous avons jusqu'ici vus à l'œuvre.

Il est vrai qu'il avait derrière lui la toute puissante protection de l'Intelligence Service et de la Maçonnerie balkanique.

FIG. 10

QUARTIER DE TATAVLA

Faubourg grec de Constantinople

Carte postale - Rare vue de ce quartier

LA PRESSE ANTIJUIVE

N'y eut-il donc aucune réaction contre la domestication de la presse par une race étrangère que nous avions eu le grand tort d'émanciper ?

Ne se trouva-t-il donc aucun journal pour résister à cet asservissement de la pensée française et dénoncer le péril que faisait courir à notre pays l'esprit d'accaparement et de domination d'Israël ?

Si pour l'honneur du journalisme, il y eut, dans les dernières années d'avant-guerre, une poignée de périodiques qui, libres d'attaches avec les puissances de finance et de publicité, prit courageusement la Judéo-Maçonnerie à la gorge, flétrit ses scandaleux agissements et réclama contre elle de rigoureuses sanctions.

Peu nombreuses, désargentées, ne vivant que de leurs abonnements et des souscriptions de leurs sympathisants, Ces publications n'en firent pas moins, à travers le pays, une propagande si efficace que le clan judéo-maçonnique finit par s'en inquiéter.

C'est que cette petite presse indépendante était extrêmement active et se servait de toutes les armes à sa portée, susceptibles d'éclairer et d'agiter l'opinion.

Tracts, brochures, livres, comités, réunions publiques, elle mettait inlassablement en œuvre tous les moyens de diffusion et de prosélytisme.

Les scandales Stavisky, Hanau, Oustric, Pathé-Nathan ; etc. Vinrent corroborer ses dires, mais ce fut surtout l'arrivée au pouvoir, comme président du Conseil, du Juif Léon Blum, qui fournit le plus précieux aliment à son œuvre d'assainissement et de libération.

Le gouvernement Blum, dont l'équipe ministérielle comprenait exactement 100 p. cent de Juifs et de Francs-Maçons (10), apportait la preuve visible, palpable, irrécusable, de la mainmise d'Israël sur la direction de nos affaires politiques, économiques et sociales

Quel argument capital pour les vaillants adversaires de l'Anti-France !

Aussi leur propagande fit-elle un bond magnifique. Les adhésions, les dévouements, les concours vinrent à eux, de plus en plus nombreux.

A telle enseigne que, dans les premiers mois de 1939, le gouvernement Daladier, à l'instigation de là Ligue Internationale contre l'Antisémitisme, fit signer par son ministre de la Justice, le F∴ Marchandeau, un décret-loi assimilant la propagande antisémitique à la propagande hitlérienne et faisant du Juif un citoyen privilégié, dans l'État.

Naturellement, la grande presse asservie se garda bien de protester contre une mesure aussi monstrueuse.

Et les perquisitions ; les arrestations, les poursuites et les condamnations de pleuvoir sur la plupart des militants qui avaient entrepris de déboulonner le Veau d'or.

Nous croyons donc de simple équité, après avoir cloué au pilori les journaux et les journalistes inféodés à la Juiverie, de dresser le palmarès de ceux qui n'ont pas hésité à la combattre, à l'heure où elle était triomphante et où il y avait péril à l'attaquer en face.

---

10. — Le dénombrement précis en a été fait dans le numéro du *Grand Occident* de Novembre 1936.

Voici, par ordre alphabétique, la liste des principaux périodiques antijudéo-maçonniques d'avant-guerre.

Action antimaçonnique (l').
Collaborateurs : Georges Olivier, J. De Boistel, Fara, P. Loyer, P.-L. Leroy, etc.

Bataille (la).
Collaborateurs* : Georges Champenois, Bernard Fray, Ph. Poirson, P. Copin-Albancelli, etc.

Bloc anti-révolutionnaire (le).
Directeur : Félix Lacointre.
Rédacteurs : A.-L. De la Franquerie de Beslon, Robert Lefèvre, etc.

Branle-bas (le).
Directeur : Sicé.
Collaborateurs : duc Pozzo di Borgo, Allais, Boissel.

Bulletin des républiques pyrénéennes (le).
Directeur : Louis. Flèche.

Contre-révolution.
Directeur : Léon de Poncins. Collaborateurs : Georges Batault, E. Malynski, A. Stolypine, Werner Sombart, etc.

Défi (le).
Directeur : Jean-Charles Legrand.

Documents nouveaux (les).
Directeur : J. Marquès-Rivière.

Franciste (le).
Directeur : Marcel Bucard.
Rédacteurs : Maurice Maurer, etc.

France enchaînée (la).
Directeur : D'arquier de Pellepoix.
Collaborateurs : Ph. Poirson, Auguste Tastevin, François Noisy, etc.

France réelle (la).
Directeur : des Essarts.
Rédacteur en chef : Henry Babize.

Grand occident (le).
Directeur : Lucien Pemjean.
Collaborateurs : Jean Drault, Albert Monniot, Jehan Durieux, Sylvius, Mathieu Degeilh, Guy de Valmor, Rollon, Armis, etc.

Intérêt français (l').
Directeur : A. Cavalier.

Je suis partout.
Rédacteur en chef : Robert Brasillach.
Collaborateurs : Pierre Gaxotte, Charles Lesca, Henri Massis, Lucien Rebatet, Alain Laubreaux, P.-A. Cousteau, Georges Roux, etc.

Libre parole (la).
Directeur : Henry Coston, René-Louis Jolivet, Mathieu Degeilh, Jacques Ploncard, Christian Dubernard, etc.

Pays libre (le).
Directeur : Pierre Clementi.
Collaborateurs : Georges Batault, Robert Valery-Radot, René-Louis Jolivet, Mathieu Degeilh, etc.

Petit trouvillais (le).
Directeur : l'abbé Madeleine.

Province (la).
Directeur : Eugène Delahaye.

Réveil du peuple (le).
Directeur : Jean Boissel.
Collaborateurs : Jean Drault, René-Louis Jolivet, etc.

Revue internationale des sociétés secrètes (la).
Fondateur : Mgr Jouin.
Rédacteur en chef : Georges Ollivier.
Collaborateurs : H. De Vries de Heekelingen, F. Colmet-Daâge, J. De Boistel, P. Loyer, H. Lever, Yves Tamaris, etc.

Semeur de l'auxois (le).
Directeur : H. Canat.
Rédacteur : l'abbé Sasse.

Solidarité française (La).
Directeur : Commandant Jean Renaud.
Collaborateurs : Louis Mouilleseaux, Lucienne Blendel , Jouxta, etc.

Tels sont les organes d'avant-garde qui se dressèrent résolument, au cours des dernières années de paix, contre la Judéo-Maçonnerie triomphante.

Reprenant les enseignements oubliés du génial auteur de la *France juive*, notre maître Édouard Drumont, ils montrèrent, par simple rapprochement de sa doctrine prophétique et des faits accomplis, combien les événements lui avaient donné raison.

Et, à leur tour, s'inspirant de sa méthode d'observation aiguë et de rigoureuse déduction, ils présagèrent que, si l'on ne secouait pas vigoureusement et sans délai le joug de plus en plus pesant d'Israël, c'en était fait de l'indépendance et peut-être de l'existence de notre pays.

Nous avons failli perdre l'une et l'autre dans une catastrophe qui ne se serait pas produite, si l'on eût écouté notre petite presse clairvoyante qui signalait le péril imminent et luttait énergiquement pour le conjurer.

Grâce peut-être au bon grain que son apostolat avait semé dans les esprits, et qui a miraculeusement germé à l'heure désespérée, notre peuple a pu se reprendre juste au bord de l'abîme.

Et le nouveau régime de la France a compris que, pour la sauver définitivement, il fallait entrer dans la voie que nous avions indiquée, c'est-à-dire la purger d'abord de tous ses éléments de décomposition et de dégénérescence, à commencer par l'emprise et la corruption juives.

Et ce sera le grand honneur des disciples et des continuateurs de Drumont, d'avoir, quand il en était temps encore, jeté le cri d'alarme et montré la route à suivre.

FIG. 11
Résurrection de la Censure
« *Et elle ressuscita le troisième jour après sa mort* » (évangile Sr Luc)
Lith. de Delaporte. *La Caricature* (Jounal.)

L'ESPRIT JUIF
DANS LA SOCIÉTÉ FRANÇAISE

Même si l'on extirpait de ce pays les Juifs, leurs pompes et leurs œuvres, nous n'en aurions pas fini avec leur odieuse malfaisance.

Il nous resterait encore, comme trace de leurs cent cinquante années de séjour sur notre sol, les mille impondérables dont ils nous ont contaminé.

Il ne faut se faire aucune illusion, leur race a déteint sur la nôtre. Leurs instincts, leurs mœurs, leurs pratiques, se sont infiltrés dans les fibres de notre vie économique et sociale, ont profondément pénétré le tissu de notre corps politique et national.

À telle enseigne qu'un grand nombre d'entreprises commerciales, industrielles et financières, et d'associations littéraires, scientifiques et artistiques, fondées, dirigées et administrées par des Français authentiquement aryens, se comportent absolument comme si elles étaient d'origine et d'activité sémitiques.

Que de chrétiens, atteints par la contagion plus que centenaire du mauvais, exemple, pensent, jugent, parlent et agissent Juif, c'est-à-dirpait comme s'ils avaient été baptisés au sécateur et élevés selon les enseignements du Talmud !

Et cela sans s'en rendre compte, avec une inconscience qui les porte même parfois à critiquer et, à railler les fils d'Israël, sans s'apercevoir qu'ils en ont adopté les vices natifs et la façon désinvolte de frayer avec les autres hommes !

Abolie l'oppression juive, disparue la descendance de Juda, il nous resterait encore l'ESPRIT JUIF qui a trop fortement imprégné notre mentalité pour pouvoir se volatiliser du jour au lendemain.

Nous ne savons si la Révolution annoncée à Vichy par le maréchal Pétain, comme devant réformer nos institutions et épurer nos mœurs, s'attellera gaillardement à cette œuvre de régénération.

Mais ce que nous savons bien, c'est qu'il y faudra de longues années d'efforts attentifs dans le triple domaine de la spiritualité, de l'éducation et de l'exercice pratique de nos facultés raciales.

Il y a là tout un entraînement nouveau auquel un régime de salut public doit nous assujettir et auquel nous devons nous plier de toute notre âme, si nous voulons recouvrer ces vertus d'honneur, de probité, d'altruisme, de cœur au travail et surtout ce sens national ! Que le règne du Veau d'or nous a presque complètement fait perdre et qui ont fait la force de nos vainqueurs.

Comment s'est opérée cette corruption généralisée qui a coûté si cher à notre malheureux peuple et dont il ne se relèvera que par un vigoureux sursaut de son instinct de conservation ?

Nous l'avons vu dans les chapitres précédents. C'est par la mainmise progressive, patiente et obstinée, sur tous les rouages de notre vie sociale et nationale, d'une minorité de parasites étrangers que nous avons eu l'imprudente faiblesse d'admettre dans notre vieille communauté celto-latine.

Tous les moyens ont été bons à cette horde cupide et sans scrupules pour parvenir à ses fins, qui n'étaient autres que celles orgueilleusement annoncées par ses prophètes : la domination du monde.

Mais c'est surtout la presse qui a été l'instrument le plus efficace et le plus puissant de sa monstrueuse ambition.

Par la presse, elle s'est assuré de précieux concours dans tous les compartiments du char de l'État, elle a pompé l'épargne d'un nombre considérable de Français et elle est ainsi arrivée à établir son hégémonie politique, économique et financière sur l'ensemble de notre collectivité.

Par la presse enfin, elle s'est ingéniée et elle a réussi à nous pétrir une mentalité conforme à ses ténébreux et sordides desseins.

Pour le succès de ses entreprises d'accaparement, pour ses coups de Bourse et ses coups de filet, pour le déclenchement de ses guerres de rapine, il lui fallait un public souple, malléable, crédule, avide de gains faciles et se laissant détourner des choses sérieuses par d'insipides amusettes ou de malsaines frivolités.

Il lui fallait, en deux mots, chloroformer l'intellect et pervertir la conscience des gens, ou, plus exactement, en un seul mot, abrutir les populations.

La voie dans ce sens fut ouverte par Émile de Girardin dans son journal *la Presse*. Le premier, il eut l'idée de publier un roman-feuilleton, c'est-à-dire un *«roman à suite»* qui devait, dans sa pensée, doubler, tripler, quintupler le nombre de ses lecteurs en incitant ceux du jour à acheter le numéro du lendemain et les suivants.

Mais il faut dire à sa décharge qu'il sut choisir ses auteurs et que le nom de ceux-ci était un garant de l'intérêt et de la bonne tenue de leurs œuvres. Ce furent successivement Balzac, Alexandre Dumas, Théophile Gautier, Eugène Sue, Victor Hugo, Lamartine, Châteaubriand, Jules Sandeau, etc.

Jamais donc, sans sa direction, le *«feuilleton à suite»* ne tomba dans les niaiseries, les extravagances et les obscénités qui, depuis près d'un siècle, tourneboulent chaque jour l'entendement de millions de lecteurs, en leur donnant une fausse idée de la vie, en les détournant du devoir et de l'effort par d'éblouissants mirages et en leur inspirant le désir de suivre l'exemple de leurs héros et de leurs héroïnes, souvent dénués de tout scrupule et de toute moralité.

Mais le roman-feuilleton, si nocif qu'il nous paraisse dans sa généralité, n'est pas la partie la plus dangereuse du quotidien moderne.

La rubrique des « *Faits divers* » et des « *Tribunaux* », en faisant une publicité démesurée aux exploits de l'armée du vice et du crime, n'est pas moins redoutable, surtout quand elle s'aggrave de la mise en vedette, à la première page de nombreux journaux, de photos de bandits des deux sexes et de la reproduction de scènes de cambriolage et de meurtre.

Il n'est pas rare de voir, en belle place, dans certaines feuilles très répandues, le portrait du maréchal Pétain à côté de ceux d'une empoisonneuse et d'un sadique. Le moindre tact devrait empêcher de telles exhibitions. Mais il faut bien satisfaire la curiosité d'un public dépravé par une longue coutume de ce genre de journalisme et surtout montrer, dans un but de réclame, qu'on est l'organe le plus rapidement, le plus complètement informé et pour lequel il n'est point de secret.

Parlerons-nous des articles dithyrambiques et copieusement illustrés, consacrés chaque jour au monde et au demi-monde du théâtre, du cinéma, du music-hall et du cabaret ? On dirait vraiment que la planète tourne autour du nombril de ces dames et de ces messieurs. On ne nous fait grâce d'aucun détail de leurs habitudes, de leurs toilettes, de leurs goûts, de leurs gains et de leurs projets.

Que de jeunes, gens se sont laissé dévoyer par cet étourdissant étalage de vie apparemment facile et brillante ! Ah ! Hollywood ! Que de rêves pernicieux ce nom magique et diabolique a fait germer dans toutes les classes de la société ! Que de carrières, que d'existences il a brisées, qui auraient pu être utiles à la communauté !

Et les Concours de Beauté ! Ces fameux concours si passionnément suivis par des générations de jeunes filles médusées et qui, sous couleur de manifestations esthétiques n'étaient que des entreprises de proxénétisme et des portes ouvertes sur les grands lupanars de Buenos-Aires.

Là aussi, que de malheureuses, éblouies par les toilettes magnifiques, les luxueux voyages et l'avenir splendide qu'on faisait miroiter à leurs yeux, se sont laissé prendre au piège et ont amèrement regretté leur coup de folie !

Elles n'en avaient pas moins été admirées et enviées, pendant des semaines et des mois, par des centaines de milliers d'autres jeunes filles avides de connaître les moindres détails de leurs traits, de leur élégance, de leurs habitudes, de leurs goûts, de leurs rêves...

Nous ne saurions terminer ce chapitre sur la corruption de l'esprit public par la presse enjuivée, sans mentionner la rubrique des « *Petites Annonces* » qui a fait la fortune de certains journaux.

Cette rubrique est un véritable réseau de traquenards et de chausse-trappes, où, à côté de quelques propositions de bonne foi, se dissimulent une infinité de petites et grandes escroqueries et d'excitations plus ou moins voilées à tous les vices et à toutes les débauches.

Offres d'emploi ou de travail à domicile : achats, ventes et locations ; occasions à saisir et prêts d'argent ; voyantes et fakirs ; sages-femmes et masseuses, etc., etc. La plupart de ces sous-titres, si alléchants pour tant de gens, ne sont que des écriteaux trompeurs destinés à les diriger vers quelque officine où des combinards sans vergogne les dépouillent peu à peu, sans leur donner la plus petite satisfaction.

Encore n'est-ce là qu'un moindre risque. Car il n'est pas rare de voir de braves citoyens ainsi entraînés et compromis dans des affaires louches et même véreuses et aussi d'honnêtes jeunes personnes devenir la proie des pires mercantis, ceux des maisons de rendez-vous, du trafic des stupéfiants et de la traite des blanches.

Qui dira les larmes, les sanglots, les désespoirs, les drames que cette maudite rubrique des « *Petites Annonces* » a causé dans notre pays ? Qui établira sa juste part de responsabilité dans l'exploitation à fond de la crédulité publique, ainsi que dans la dégradation et l'avilissement de nos mœurs ?

Et qu'on ne vienne pas nous dire qu'il est impossible de réprimer de telles licences sans toucher à la sacro-sainte liberté de penser et d'écrire, sans toucher aux « imprescriptibles » droits de la presse.

C'est là l'argument-massue de ceux qui ont intérêt à maintenir un aussi lamentable état de choses, c'est-à-dire des pouvoirs *publics* qui votent et promulguent les lois, et des pouvoirs *occultes* qui les inspirent ou les dictent.

Les uns et les autres, les derniers surtout, qui sont devenus les véritables maîtres du journalisme, sont les heureux bénéficiaires de l'état de déliquescence où est tombée la mentalité populaire.

Comment l'esprit le plus lucide, la conscience la plus droite, la volonté la plus ferme résisteraient-ils longtemps à l'ingestion continue, quotidienne, parfois matin et soir, des ferments d'intoxication, de ramollissement et de corruption dont ils se délectent de la première à la dernière page des soi-disant organes de l'opinion ?

L'abrutissement et l'abâtardissement d'un peuple ne sont-ils pas, pour ses dirigeants, le meilleur moyen de le rendre souple, malléable docile, de lui faire prendre des vessies pour des lanternes, et de lie conduire, sur un signe du Kahal suprême, aux plus périlleuses aventures ?

Nous n'aurons pas la cruauté d'insister.

Aussi bien, hélas ! les derniers événements sont-ils là pour corroborer notre thèse et pour nous montrer la marche à suivre, si nous ne voulons pas que demain notre pauvre France soit complètement rayée de la carte du monde.

Le Juif et la Juiverie sont partout dans notre pays et ce ne sont pas les quelques mesures spectaculaires prises jusqu'ici contre eux, qui leur feront desserrer leur emprise.

La lutte contre leurs personnes se double de la lutte contre l'esprit de leur race dont ils nous ont imprégné jusqu'à la moelle.

Ce, comme nous venons de le voir, surtout par le canal de la presse.

Il faut donc commencer par l'épurer intégralement, cette presse, en chassant ses pourrisseurs, en dissipant ses miasmes et en la soumettant à une législation sévère, inflexible, qui rendra impossible le retour de ses errements coupables.

Il faudra ensuite continuer en profondeur et dans tous les domaines, ce travail de désinfection et de restauration.

Œuvre de persévérance et de longue haleine, d'accord ! Mais d'autres nations l'ont accomplie. Pourquoi la nôtre ne ferait-elle pas de même ?

Montrons au monde que notre récente débâcle n'est due qu'à une défaillance passagère de nos vertus traditionnelles, que nous en avons compris la cause, et que, cette cause, nous voulons résolument la détruire.

Ainsi recouvrerons-nous l'estime et le respect des autres puissances et pourrons-nous désenjuiver à jamais, non seulement nos institutions publiques et privées, mais aussi nos coutumes, nos mœurs et notre spiritualité.

Condition indispensable de notre redressement définitif !

Lucien PEMJEAN.

FIN

OUVRAGES À LIRE ET À CONSULTER

Louis-Ferdinand Céline.
   Bagatelles pour un Massacre.
   L'École des Cadavres.
   Les beaux Draps.
Jean Drault.
   Drumont, la France Juive et la Libre Parole.
Édouard Drumont.
   La France Juive (2 vol.)
   La Fin d'un Monde.
   Le Testament d'un Antisémite.
Comte de Gobineau.
   Essai sur l'Inégalité des Races humaines :
René Gontier.
   Vers un Racisme Français.
Roger Lambelin.
   Le Règne d'Israël chez les Anglo-Saxons.
   Les Victoires d'Israël.
Dr. Georges Montandon.
   La Race, les Races.
   L'Ethnie française.
   Comment reconnaître le Juif ?
Lucien pemjean.
   La Maffia judéo-maçonnique.
   Le Grand Occident (1934-1939).
Georges Saint-Bonnet.
   Le Juif ou l'Internationale du Parasitisme.
Jean & Jérome Tharaud.
   Quand Israël est Roi.
Henri De Vries de Heekelingen.
   Israël, son Passé, son Avenir.

- the-savoisien.com
- pdfarchive.info
- vivaeuropa.info
- freepdf.info
- aryanalibris.com
- aldebaranvideo.tv
- histoireebook.com
- balderexlibris.com

Librairie Excommuniée Numérique CULUS (CUrieux de Lire des Usuels)

www.ingramcontent.com/pod-product-compliance
Lightning Source LLC
LaVergne TN
LVHW091603060526
838200LV00036B/976